EIN ÖFFENTLICHER RAUM IST EINE ANNAHME KEINE GEGEBENHEIT (:GELASSEN) ANNEHMEN EIN EREIGNIS (MIT:GETEILT) KEIN ORT ABER EIN PLATZ (:GEMACHT) – WER IHN NUR HINNIMMT DER GIBT PREIS

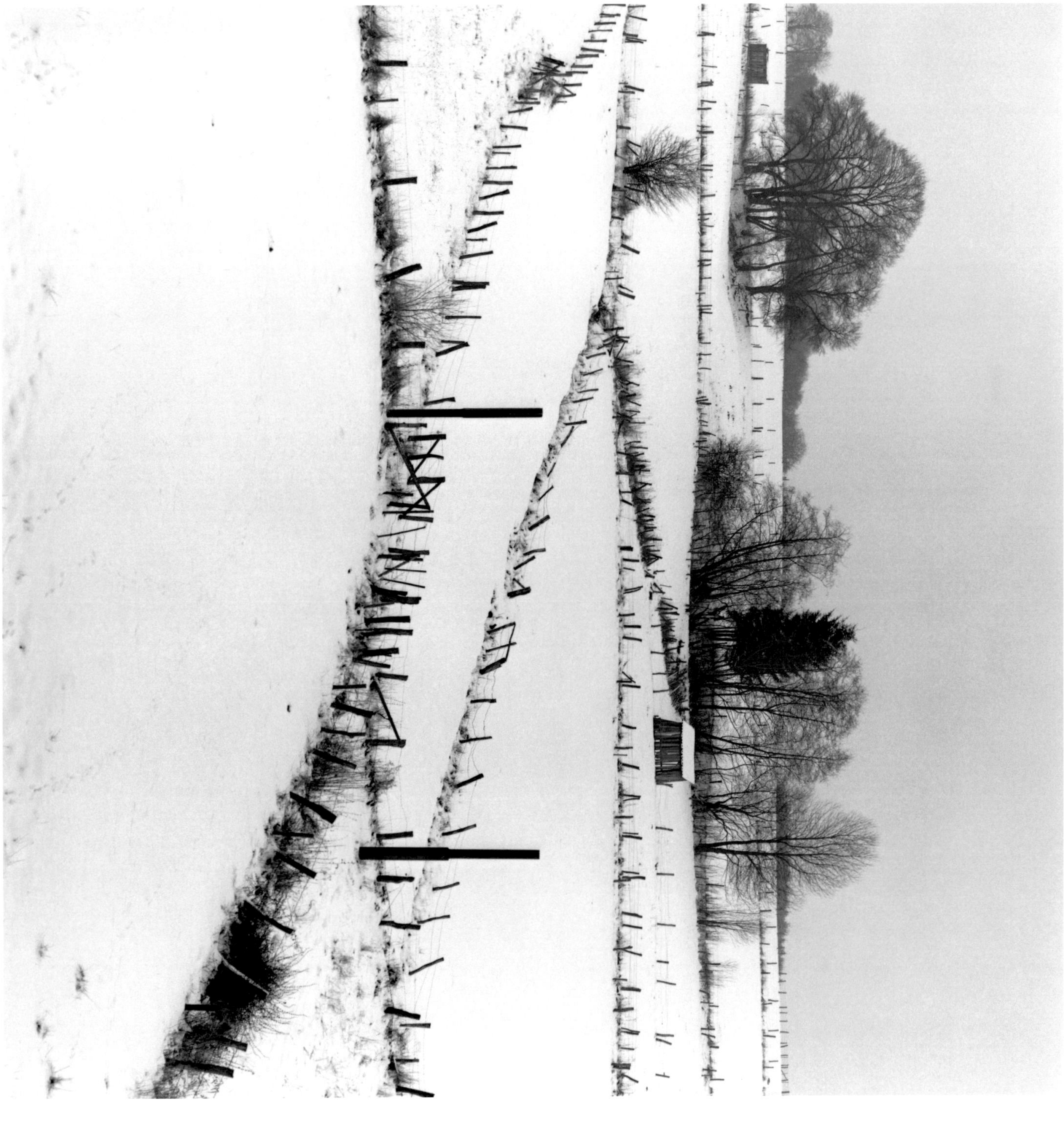

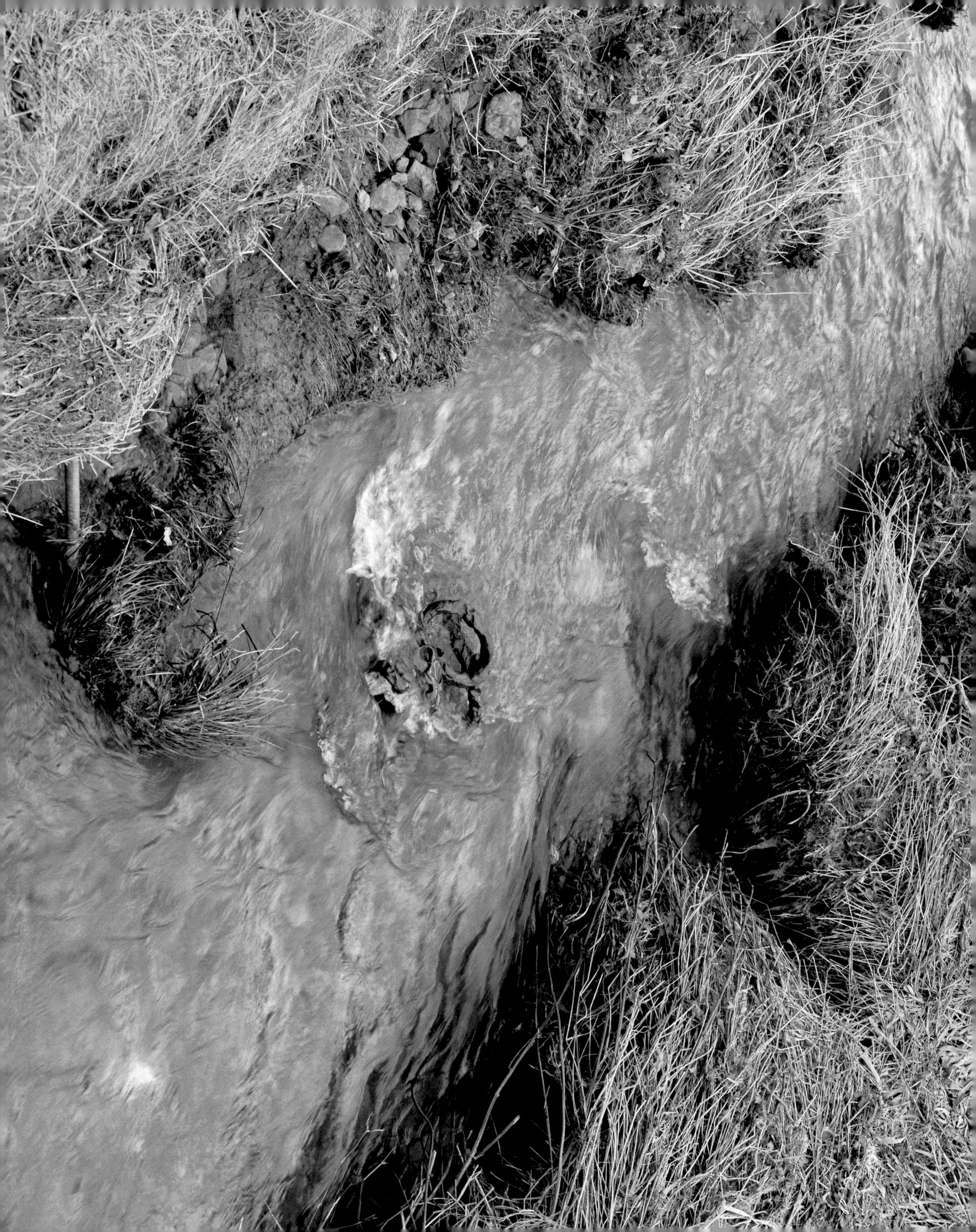

Maus (myomorpha)
Familie: Echtmäuse
Ordnung: Nagetiere, bis 15 cm
Art und Wesen:
Die Maus ist ein Tier, das nach dem Stehlen benannt ist.
Sie entsteht aus Erde und Regenwasser. Man hat schon Mäuse gesehen,
bei denen der Vorderkörper schon ganz ausgebildet war, während der
hintere Teil noch aus einem Erdklößchen bestand.
Die Leber der Maus nimmt mit dem Mondwechsel ab und zu.
Vor ihrem Harn muß man sich schützen; wird etwas davon benetzt, verfault es.
Mäuse sind stumm; nur bei Vollmond geben sie einen zischenden Laut von sich.
Wie die Zwerge lieben sie die Musik, bei schlechtem Singen verziehen sie sich.
Ihre Gefräßigkeit kennt keine Grenzen. Kein Wunder, daß sie groß
und fett werden und Nester groß wie Körbe haben.
Elefanten scheuen Mäuse wegen ihres Geruchs.

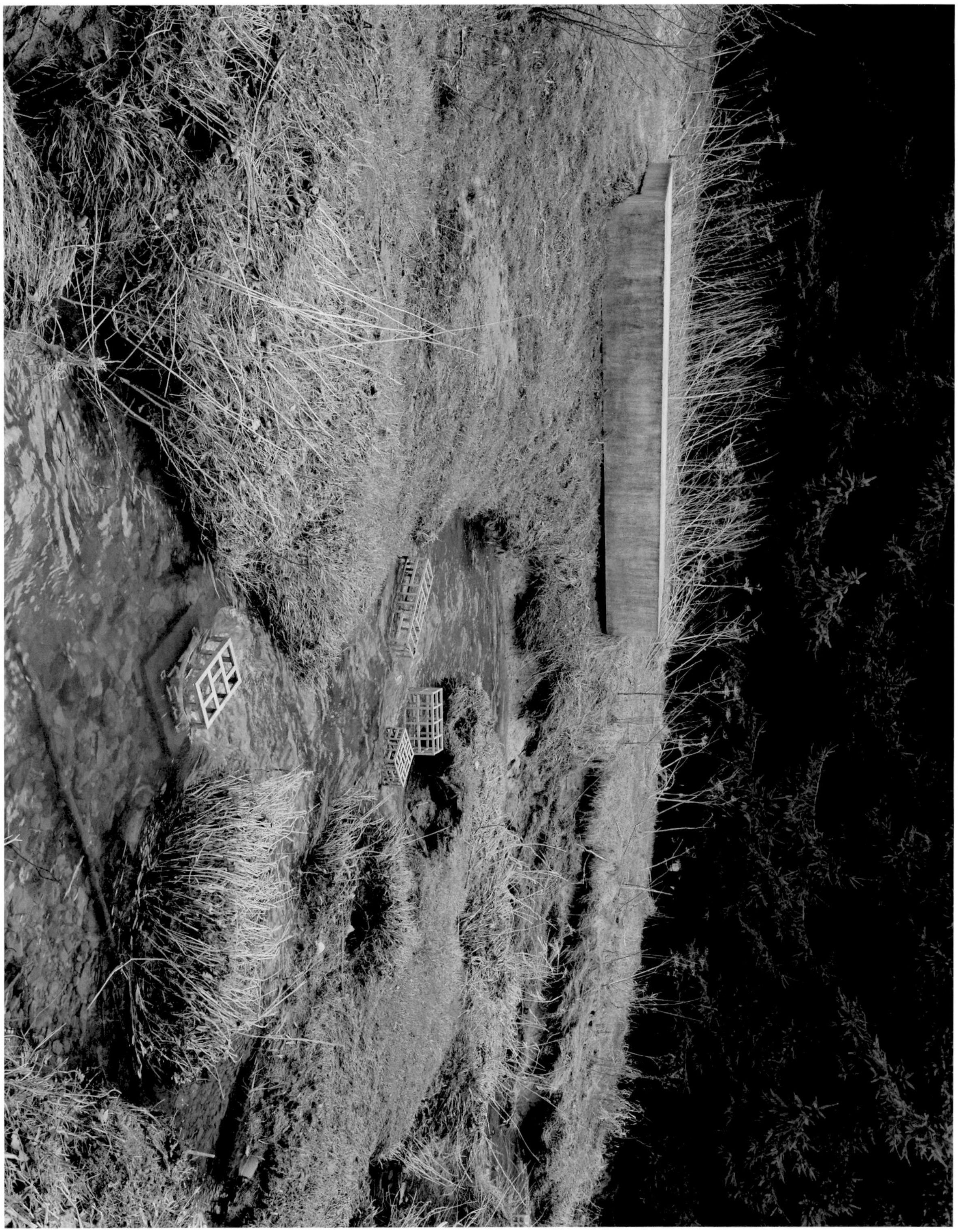

im

Tal

im Tal

Kunst im Dialog mit Kunst und Natur

Herausgegeben von Jörg und Karen van den Berg
für den Lehrstuhl für Kunstwissenschaft, Ästhetik und Kunstvermittlung
der Universität Witten/Herdecke und für den Kunstverein Hasselbach

pict·im·

›im Tal – Kunst im Dialog mit Kunst und Natur‹ versteht sich als Dokumentation und analytische Betrachtung des Landschaftsgartens ›im Tal‹. Es setzt eine mit den 1989 bzw. 1992 erschienenen Broschüren ›Skulptur im Tal‹ und ›im Tal‹ beginnende Beschäftigung mit der Anlage fort. So wie die Anlage selbst, ist auch der Umfang des vorliegenden Buches gegenüber seinen Vorläufern erheblich gewachsen; dies auch deshalb, weil die Auseinandersetzung mit der Sache nun weitere Kreise zieht.

Das Buch wird eröffnet mit einer fotografischen Serie von Werner Hannappel, der das ›Tal‹ in den letzten Jahren zu unterschiedlichen Jahreszeiten immer wieder besuchte und ins Auge faßte. Der nachstehende Essay „Das Feld der Kunst" entwirft einen theoretischen Rahmen bezogen auf die Entwicklungen in der Kunst und im Kunstbetrieb der letzten dreißig Jahre. Er betrachtet damit das zeitgenössische Umfeld des ›Tal's‹.

Im Zentrum des Buches steht ein kritischer Diskurs über das Gesamtkonzept der Anlage: der ›Dialog im Tal‹, den wir im letzten Jahr zum „jour fixe 1998" mit Gottfried Boehm, Michael Bockemühl und Erwin Wortelkamp führen konnten und der einen Raum aufmacht für nachfolgende Diskurse. Dabei ist die dialogische Form sichtbarer Ausdruck des Arbeitsprinzips, das der gesamten Anlage zugrunde liegt. Die anschließenden Texte zu den einzelnen Werken wurden aus der Broschüre von 1992 übernommen und um Texte zu den zwischenzeitlich neu entstandenen Arbeiten ergänzt.

Die Verbindung zur Universität Witten/Herdecke erwuchs aus einer Gastprofessur, die Erwin Wortelkamp als „artist in residence" 1994/95 wahrnahm. Zu diesem Zeitpunkt ist mit Michael Bockemühl die Verabredung getroffen worden, an seinem „Lehrstuhl für Kunstwissenschaft, Ästhetik und Kunstvermittlung" das Projekt ›im Tal‹ wissenschaftlich zu begleiten. Beide Einrichtungen, der Lehrstuhl wie auch die Anlage ›im Tal‹, arbeiten auf je eigene Weise daran, der Kunst neue Räume in der Gesellschaft zu öffnen. Das erste Ergebnis der vereinbarten Zusammenarbeit liegt in diesem Buch nun vor.

Die Auseinandersetzung wird weitergehen. Eine nächste konkrete Perspektive, die zu benennen wäre, ist die neu gegründete Reihe ›eigene Wege im Tal‹. Der erste Beitrag dieser Reihe ist der schon in diesem Buch vorgestellte Film von Werner Fritsch. Es wird ihm ein Buch des Schriftstellers Hanns Josef Ortheil folgen. Darüber hinaus haben die letzten Jahre gezeigt, daß das Interesse und der Umsetzungswille von Erwin Wortelkamp es eher unwahrscheinlich erscheinen lassen, daß das ›Tal‹ tatsächlich zur Ruhe käme. Die „offenen Anlagen", der „Feldgarten" und das „Haus für die Kunst" stehen ebenso wie der jährliche „jour fixe" für eine kontinuierliche Belebung und Bewegung.

Jörg & Karen van den Berg

Das **Feld der Kunst**

Es sieht so aus, als ob meine Fähigkeit zur Welt zu gelangen,
und meine Fähigkeit, mich in Phantasien zurückzuziehen,
nicht unabhängig voneinander funktionieren könnten.
Maurice Merleau-Ponty

Das ›Tal‹ ist anders. Es geht hier um das Wirkliche und mehr noch um das, was möglich ist und wäre. Es geht um Eigenes, und vielleicht mehr noch um Fremdes; sicherlich zuerst um Kunst, doch genauso auch um diesen Ort, um seine Gestaltung, um seine Gestalt. Das ›Tal‹ ist ortsspezifisch und gewinnt gerade dadurch Modellcharakter. Es begreift sich als ein privater öffentlicher Raum, ein öffentlicher Raum der durch die Kunst allererst gebildet wurde. Die Kunst gestaltet diesen Ort über die Kunst hinaus.

KOORDINATEN

Das ›Tal‹ – ein Stück Land im Westerwald zwischen Weide- und Ackerflächen, Feldwegen, Straßen und Häusern – bildet ein Terrain für zeitgenössische Kunst, einen unprätenziösen Landschaftsgarten, in dem eine ganz eigene Positionsbestimmung heutiger Kunst versucht wird.

Iniziiert und betrieben wird die Anlage vom Bildhauer Erwin Wortelkamp. Einen möglichen Ort für heutige Kunst zu konstituieren, nennt er als einen Antrieb, das Vorhaben ›im Tal‹ anzugehen; d.h. Land zu erwerben, sich der Anstrengung zu unterziehen, es zu gestalten, es zu pflegen, vor allem aber die Arbeiten von 32 eingeladenen Künstler-Kolleginnen und -Kollegen zu realisieren. [1] Das ›Tal‹ wurde von Wortelkamp seit 1986 im ständigen Gespräch mit Künstlern, Landschaftsarchitekten und Freunden gemeinsam entwickelt. [2] Es ging den Beteiligten darum, eine neue Form privat verantworteter und getragener Öffentlichkeit für Kunst entstehen zu lassen, einen öffentlichen Landschaftsraum, der ästhetische und soziale bzw. gesellschaftliche Kräfte gleichermaßen freisetzt.

Jedem, der das ›Tal‹ besucht, wird aufgrund der krassen Verschiedenartigkeit der künstlerischen Arbeiten schnell deutlich, daß diese Form von Öffentlichkeit nicht auf einem billigen Konsens beruht. Vielmehr provoziert das ›Tal‹ die Frage, welche „Offenheit (…) der einzelne Monomane für die Obsessionen des anderen" [3] aufbringt. Im ›Tal‹ wird fragwürdig, wie sich menschliche Egoismen zum landschaftlichen Raum verhalten und wie beide Seiten miteinander fertig werden.

Was liegt dem voraus, wenn ein Bildhauer wie Wortelkamp einen Kontext aufbaut, der nicht nur Raum für seine eigenen Arbeiten, sondern auch und vor allem für die anderer Künstler schafft? Ein solches Vorhaben ist außergewöhnlich, weil es über die herkömmliche Arbeitsteilung im Kunstbetrieb hinausweist, die gemeinhin einen Unterschied macht zwischen dem, der die künstlerische Produktion verantwortet und denjenigen, die sich um Möglichkeiten der Präsentation, Inszenierung und Vermittlung bemühen. [4]

Daß ein Künstler gemeinsam mit seinen Kollegen an einem solch umfassenden Projekt arbeitet und kommunikatives wie politisches Tun als Teil seiner Arbeit versteht, basiert auf einem fundamentalen Wandel im Selbstverständnis künstlerischer Arbeit überhaupt. Im folgenden möchten wir daher das Projekt ›im Tal‹ vor dem Hintergrund des Wandels künstlerischer Praxis am Ende dieses Jahrhunderts beschreiben.

FELDARBEIT

Die Geschichte der Kunst der letzten Jahrzehnte ist eine Geschichte ständiger Überschreitungen. „Auflösung und Erweiterung sind zu Elementen der Eigendynamik der Kunst geworden" [5] und der „Ausstieg aus dem Bild" [6] hat sich als Topos etabliert. Konzeptkunst, Happening, Aktionismus und Land-Art haben offenbar das Repertoire künstlerischer Materialien bis zum Äußersten ausgespielt. So können in einem heutigen Verständnis künstlerischer Arbeit Werke allein aus Handlungsanweisungen oder aus der Inszenierung kommunikativer Prozesse bestehen. [7] Das Kunstwerk besitzt nicht mehr notwendig

[1] Vgl. hierzu Erwin Wortelkamp: Wie unterwegs – „das Ganze zu schauen" – dabei zunächst kein Wort über Schönheit. In: Skulptur im Tal. Hg. v. Kunstverein Hasselbach, Hasselbach 1989, S. 47.

[2] Vgl. zur Geschichte und Entwicklung der Anlage S. 181.

[3] Siehe Anm. 1.

[4] Zu vergleichen ist Wortelkamps Vorgehen eigentlich nur mit der von Donald Judd in Marfa, Texas gegründeten „Chinati-Foundation". Dort finden sich neben der Inszenierung von dessen eigenen Werken, ganze Werkblöcke, einzelne Environments und Skulpturen von anderen Künstlern. Vgl. Kunst + Design. Donald Judd. Preisträger der Stankowski-Stiftung 1993. Ausst. Kat. Museum Wiesbaden, Stuttgart 1993.

[5] Thomas Wagner: Der Mensch strebt hinaus ins Imaginäre. Anmerkungen zur Kunst im Zeitalter ihrer grenzenlosen Freiheit. In: Frankfurter Allgemeine Zeitung, 3. April 1999, (Bilder und Zeiten) S. I.

[6] Zum „Ausstieg aus dem Bild" vgl. den gleichnamigen Band: Ausstieg aus dem Bild. Im Blickfeld. Jahrbuch der Hamburger Kunsthalle. Hamburg 1996.

[7] Als Beispiel könnte man die dänische Künstlergruppe „N55" nennen, deren Beitrag zur Ausstellung „Now Here" in Lousiana 1996 darin bestand, in der Cafeteria einen Tisch einzurichten, um dort Getränke an durstige Besucher auszuschenken.

[8] „Dematerialisierung der Kunst" ist eine Bezeichnung seit Ende der 70er Jahre. Vgl. Catherine David/Paul Virilio: Der blinde Fleck in der Kunst. In: documenta documents 1. Stuttgart 1996, S. 57.

[9] Wenn Piero Manzoni als Auflagenobjekt 1961 eine Konservendose mit „Merde d'artist" verkauft, so spielt er mit der Vorstellung des Publikums, mit dem Erwerb eines Kunstwerks etwas Originales, eine Art Fetisch des Künstlergenies zu ergattern. Als weiteres Beispiel könnte man Rirkrit Tiravanijas Ausstellung im Kölner Kunstverein 1996 nennen, in der er sein New Yorker Appartment 1:1 und voll funktionsfähig im Ausstellungsraum nachbauen ließ, damit sich die Besucher darin aufhalten, kochen, essen, übernachten, baden und anderes mehr tun konnten. Eine Arbeit, die die Erwartungshaltung durchbricht, man würde in einem Ausstellungsraum etwas Ausgestelltes vorfinden, das man betrachten

Objektcharakter. Während Joseph Beuys – für sein Werk geltend – Denken als Plastik beschrieb, spricht man im jetzigen Medienzeitalter von einer „Dematerialisierung der Kunst" [8]. Im Zuge dessen ist die Erwartungshaltung des Publikums zu einem wichtigen künstlerischen Material geworden. [9] Mit dieser Erweiterung künstlerischer Praktiken ging auch eine Auflösung medialer Gattungs- und Disziplingrenzen einher; ein Phänomen, das in den 90er Jahren mit dem Wort ‚crossover' oder der Rede von ‚hybriden Bildformen' neue Etiketten erhielt.
Im Verlauf dieser Entwicklungen unterlag auch das Selbstverständnis des Künstlers und der künstlerische Werkbegriff einem radikalen Wandel. Durch die zunehmende Eliminierung der künstlerischen Handschrift, und das ‚outsourcing' der Produktion, inszenierte sich der Künstler nicht mehr als das „exemplarische Subjekt" [10], er war nicht mehr unbedingt der „durch Kühnheit und Erfindung gesonderte Künstler" [11]. Vielmehr konnte er sich jetzt als ein Produzent unter vielen etablieren. [12] Dies zumal die Betonung der produktiven Betrachterrolle immer lauter wurde, mithin die Werke den Betrachter immer mehr als „Teilnehmer" [13] forderten. Zwar mußten Kunstwerke immer schon gesehen werden, um als solche in Erscheinung zu treten, doch kam dem tätigen Umgang des Betrachters mit dem Werk jetzt noch mehr Bedeutung zu. So ist der „Trend zur Partizipation" [14] gerade mit dem Einsetzen ortsbezogener Arbeiten und dem Environment zu einer entscheidenden Determinante für die Entwicklung der Kunst geworden.
Durch diese neue Stellung des Betrachters gerade auch im Netzwerk heutiger Kommunikationskunst hält mancher den endgültigen ‚Tod des Autors', den Roland Barthes in seinem 1968 publizierten gleichnamigen Essay umschrieben hatte, für längst beschlossene Sache. [15] Gerade in den 90er Jahren ist eine Bewegung zu beobachten, in der die Vorstellung vom eminenten Kunstwerk und seinem herausragenden Schöpfer in einer offenen Inszenierung von Gesprächen, sozialen Aktionen und Diskursen vollkommen aufgelöst wird. [16] Künstler werden zu Gastgebern und Sozialingenieuren, hinterlassen Spuren, die alle Transzendierung verweigern. Ihre Werke setzen nur noch vorsichtig einen Prozeß der Emanation in Gang – einen im Verlauf der Auseinandersetzung fortlaufenden Bedeutungszuwachs –, den wir als charakteristisch für eine etablierte Auffassung vom Kunstwerk verstehen. [17] Bezeichnend für diese Künstler ist, daß sie ihre Produkte tatsächlich den Benutzern überlassen und als Produzenten dahinter zurücktreten. Sie vermeiden die Selbstinszenierung individueller Mythologien und legen alles auf eine kollektive Nutzung an. Diese Künstler treten als Partner auf, als Teil oder Katalysator gesellschaftlicher Prozesse.

Mit der beschriebenen Entwicklung hin zum „offenen Kunstwerk" [18] geht jedoch eine Paradoxie einher: In dem Maße, in dem sich die Kunst zur Partizipation hin gewendet und sich einem öffentlichen Diskurs ausgesetzt hat, wurden Stimmen laut, die darüber klagten, daß die Kunst ihre gesellschaftliche Bedeutung eingebüßt habe. [19] Je mehr die Kunst ihre eigene Autorität zurücknahm, sich selbst als Vehikel von Erfahrungsprozessen verstand, desto mehr bemächtigten sich ihrer der Kommentar und damit nicht zuletzt Kunsthistoriker und Kuratoren. Als Trittbrettfahrer einer nach Repräsentationsdrang strebenden Gesellschaft der 80er Jahre [20] nutzten viele von ihnen den anhaltenden Boom von Museumsbauten, um nicht die Kunstwerke, sondern die Kunstgeschichte in ungeahnter Monumentalität zu präsentieren. [21]

kann. Vgl. hierzu: Rirkrit Tiravanija. Untitled, 1996 (tomorrow is another day). Ausst. Kat. Kölnischer Kunstverein 1997.

[10] Vgl. zur Formulierung Thomas Wagner, a.a.O. Anm. 5, S. II. Wagner stellt hier fest, daß „...das längst überfällige Modell vom Künstler als einem exemplarischen Subjekt zu Recht auf die Müllhalde der Geschichte wandert..."

[11] Zitiert nach: Stephan Schmidt-Wulffen: Subjekt – Objekt. Zur Veränderung des Künstlerbildes in den sechziger Jahren. Das Subjekt in der Produktionsästhetik der Moderne. In: Ausstieg aus dem Bild, a.a.O. Anm. 6, S. 28.

[12] Ebda.

[13] Wolfgang Kemp: Zeitgenössische Kunst und ihre Betrachter. Positionen und Positionsbeschreibungen. In: Jahresring 43. Jahrbuch für moderne Kunst. Hg. im Auftrag des Kulturkreises der deutschen Wirtschaft im BDI e.V. von Bernhard von Loeffelholz und Brigitte Oetker. Köln 1996, S. 18.

[14] Ebda.

[15] Vgl. hierzu Stephan Schmidt-Wulffen: a.a.O. Anm. 11, S. 32. Und Stephan Schmidt-Wulffen: Kunst ohne Publikum. In: Zeitgenössische Kunst und ihre Betrachter, a.a.O. Anm. 13, S. 187. Hier schreibt er: „Auch der in seiner produktiven Aufgabe begriffene Rezipient bleibt Adressat des Künstlers. Doch ist eine Hierarchie, wie sie üblicherweise zwischen Autor und Leser, zwischen Künstler und Betrachter besteht, nivelliert." Vgl. hierzu auch Klaus Werner, der feststellt: „Autorenschaft wird mehr und mehr komplex" (ders.: auffrischender wind aus süd-west. In: Weather Everything. Ausst. Kat. Galerie für Zeitgenössische Kunst Leipzig. Stuttgart 1998, S. 23).

[16] Beispiele hierfür sind etwa „Die WochenKlausuren", die Aktionen zur Verbesserung der Lebensbedingungen von Obdachlosen in Wien (Wiener Sezession 1993) und Junkies in Zürich veranstalteten (Shedhalle Zürich 1994). Vgl. Wolfgang Zinggl: Die WochenKlausuren. In: Marius Babias (Hg.): Im Zentrum der Peripherie. Kunstvermittlung und Vermittlungskunst in den 90er Jahren. Dresden/Basel 1995. S. 298ff. Nennen könnte man auch „Group Material", die Diskussionen zu Fragen der Intoleranz, Ausländerfeindlichkeit, Chauvinismus etc. organisieren (vgl. Frank Wagner: Group Material. Demokracy Poll/Demokratische Erhebung, ebda., S. 212).

[17] Hans-Georg Gadamer beschreibt in dem Kapitel „Die Erfahrung der Kunst", daß es für die „Seinsvalenz des Bildes" charakteristisch sei, daß das Dargestellte durch die Darstellung „einen Zuwachs an Sein" erfährt. „Der Eigengehalt des

Die gegenüber ihren Rezeptionsbedingungen teilweise fragilen Werke, die abgrenzende Rahmen und Sockel aufgegeben hatten, wurden in den Kontext ihrer Geschichte zurückgezwungen; die Domestizierung einer vormals wild gewordenen Kunst war die Folge. Seitdem drohen die Relikte von Polit-Kunst-Aktionen, Happening und Fluxus, die Objekte der Minimal-Art und Konzeptkunst im leergeräumten Weiß zum Lifestyle zu degenerieren. Geschichtsversessen hat sich ein Betriebssystem installiert, das sich geradezu monomanisch auf die Unterscheidung zwischen Neu und Alt kapriziert; [22] eine Entwicklung, die sich – glücklicherweise, muß man sagen – in jüngster Zeit relativiert hat. Dennoch: mit dem System ist schließlich vielerorts auch eine Kunst entstanden, die sich nahezu ausschließlich auf die Probleme ihrer eigenen Entwicklung konzentriert, sich selbst von vornherein schon im Kontext imaginärer Determinanten einer zwanghaft fortschreitenden Kunstgeschichte legitimiert. Der Kunstkritiker Marius Babias formulierte dementsprechend pauschalisierend: „Kunst heute ist Betriebskunst…, Künstler produzieren für ein Fachpublikum und auf eine Kennerschaft hin." [23]
Wenn Partizipation in den 70er und beginnenden 80er Jahren bedeutete, den Ernstfall menschlicher Existenz in die Kunst mit einzuschließen und viele Künstler folgerichtig mit dem Environment und mit ortsbezogener Kunst auch den Ausbruch aus dem Museum vollzogen, [24] so hatte man damit ein fundamental gewandeltes Verhältnis zwischen Kunstproduktion und Gesellschaft im Auge. Der ‚Ausstieg aus dem Bild' bedeutete auch den Abschied vom bürgerlichen Tafelbild, das scheinbar einen ganz spezifischen Platz in der Gesellschaft hatte und damit deren Werte bestätigte. Die Rolle als Zulieferer einer bürgerlichen Gesellschaft aber wollten viele Künstler nicht mehr spielen. [25]

Von diesem Bewußtseinswandel blieb die Mehrzahl der Museumskonzeptionen unbeeindruckt, [26] schien doch der öffentliche Raum auf der Straße oder die Landschaft sehr viel geeigneter für viele Arbeiten, die ins klassische Bild vom Museum nicht paßten und auch nicht passen wollten. Damit konnte man bequem dem fundamentalen Umdenken entgehen, so daß das Museum der Ort schweigender Betrachtung bleiben konnte, [27] ja mehr noch: parallel zum ‚Ausstieg aus dem Bild' im ‚postheroischen' [28] Zeitalter der Kunst orientierten sich die Museumsneubauten paradoxerweise mehr denn je am Bild des Tempels und nicht an der Frage, wie ein Ort der konzentrierten und kritischen Auseinandersetzung mit heutiger Kunst aussehen könnte; womöglich glaubte man die spröden Objekte der 60er und 70er Jahre ästhetisch verpacken zu müssen. Da die Kunst eine Dekorationsfunktion bis auf weiteres nicht mehr erfüllen wollte, nutzten Architekten von Frankfurt bis Bilbao die Gunst der Stunde. Kein Wunder, daß – wenn das Haus zu seinen Bewohnern vielerorts nicht mehr paßt – Kurzschlüsse gezogen wurden: In den Institutionen würde das Kränkeln an der Selbstbezüglichkeit des Systems immer stärker durch eine Eventkultur und durch den Verkauf als Kulisse gesellschaftlicher Ereignisse überspielt.
Vor diesem Hintergrund kann man verstehen, daß vielerorts vom „Ende der Kunst" [29] und vom Verlust der gesellschaftlichen Funktion des Museums die Rede ist, [30] wobei beides oft nicht differenziert wird. [31] Die Gefahr solcher Prognosen besteht darin, die Qualität der heutigen Kunstproduktion vorschnell mit ihrer in vielem gescheiterten Vermittlung oder ihrer mangelnden Konsensfähigkeit in der gegenwärtigen

Bildes ist ontologisch als Emanation des Urbildes bestimmt" (Hans-Georg Gadamer: Wahrheit und Methode. Tübingen 1986, S.145).

[18] Umberto Eco: Das offene Kunstwerk. Frankfurt am Main 1973.

[19] „Aber wozu diente noch die Kunst, die in den Museen alle ihre öffentlichen Funktionen (emploi) verlor?" fragte Hans Belting (ders: Das Ende der Kunstgeschichte. Eine Revision nach zehn Jahren. München 1995, S. 138). Michael Fried warf den Minimal-Künstlern vor, sie würden ihre Werke vom Betrachter abhängig machen und die ästhetische Grenze leugnen (Michael Fried: Kunst und Objekthaftigkeit. In: Minmal Art. Eine kritische Retrospektive, hg. v. G. Stemmrich, Berlin 1995, S. 345).

[20] „Die Museumsbauten sind absolute Prunk- und Protzbauten, die – wie die Titel schon sagen – nationalen Geltungsbedürfnissen folgen" (Peter Weibel: Die Zukunft des Kunstmuseums. In: Zum Bedeutungswandel der Kunstmuseen. Positionen und Visionen zu Inszenierung, Dokumentation, Vermittlung, hg. v. Harald Krämer und Hartmut John. Nürnberg 1998, S. 22).

[21] So kommt denn auch das Wort Kunst in der Betitelung einiger neuer Museen nicht mehr vor: Sie nennen sich „Galerie der Gegenwart" oder „Museum für Gegenwart".

[22] Niklas Luhmann: Die Ausdifferenzierung des Kunstsystems. In: Gerhard Johann Lischka (Hg.): Reihe um 9. Am Nerv der Zeit. Vorträge im Kunstmuseum Bern, Bern 1994, S. 47.

[23] Marius Babias: Interview mit Ute Meta Bauer. In: Ders., a.a.O. Anm. 16, S. 212. Zahlreiche Beispiele für eine sich in erster Linie mit systemimmanenten Fragen befassende Kunst finden sich in: Kunstforum international, Bd. 125. Betriebssystem Kunst. Köln 1994.

[24] Stellverstretend hierfür nennen wir Joseph Beuys' Projekt „7000 Eichen" anläßlich der documenta 7 in Kassel und Richard Serras Skulpturen im öffentlichen Raum.

[25] Vgl. hierzu George Maciunas: „Manifesto". In: Happening & Fluxus. Ausst. Kat. Kölnischer Kunstverein 1970.

[26] „Die grundsätzliche Neubestimmung des Begriffs des Kunstwerkes, die von der Concept Art vor zwanzig Jahren geleistet wurde, hat bezüglich der Vermittlungs- und Präsentationsformen von Kunst bislang längst noch nicht die dringend notwendige Entsprechung gefunden" (Robert Fleck: Museum und Concept Art. In: META 2, Stuttgart 1992, S. 97).

[27] „Vor dem Kunstwerk verstummt jeder Dialog. Ob man mit

Gesellschaft gleichzusetzen. [32] Tatsächlich drohen viele Museen zu Kulissen zu verkommen, tatsächlich eignet sich ein Großteil der heutigen Kunstproduktion nicht mehr für eine Präsentation in einem Museum traditioneller Prägung. Überkommen ist das Museum aber nur insoweit, als es keine Unterscheidungen trifft, kein Bewußtsein davon hat, wie die Identität eines Ortes konstituiert werden kann, wie man der Austauschbarkeit entgeht, wie sich welche Kunst präsentieren läßt und wo die Anschlüsse in gesellschaftliche Zusammenhänge kommuniziert werden müssen. [33] Die Frage ist nicht, ob ein Museum, sondern wie ein Museum heute funktionieren kann. Nach wie vor hat gerade die Welt- oder Alltagsfremdheit der Museen eine wichtige Funktion im Sinne von Harald Szeemanns Plädoyer für das Museum: „Institutionen sind für mich, gerade weil sie das Privileg der nicht unmittelbaren Zweckgebundenheit ihres Tuns haben, Instrumente, um die Besitzvorstellungen der Benützer zu verändern oder zumindest aufzuweichen. Das Museum ist für mich der Ort, wo neue Zusammenhänge ausprobiert und Fragiles, da vom Einzelnen geschaffen, bewahrt und vermittelt werden kann..." [34]

Die Frage nach der Autonomie der Kunst gegenüber anderen Lebensbereichen und nach der Aufgabe der Ausstellungsinstitutionen in diesem Zusammenhang ist in den letzten Jahren kontrovers diskutiert worden, wobei die Entwicklungen der Kunst von diesem Diskurs kaum zu trennen sind. Gerade in den 90er Jahren sucht man hierfür neue Bilder und Begriffe. Von der ‚postautonomen Periode' der Kunst ist die Rede und von einem Paradigmenwechsel von der autonomen zur kommunikativen Kunst. [35]

Zurück im ›Tal‹

Die Entwicklungen in der Kunst der letzten Jahrzehnte und die Schwierigkeiten, sich als Künstler zu den Praktiken von Ausstellungsinstitutionen und öffentlicher Auftragsvergabe zu verhalten, ohne den Grundsätzen der eigenen Arbeit untreu zu werden, sind ein Hintergrund dafür, mit dem ›Tal‹ ein neues Feld der Kunst zu entwickeln. So leistet das Projekt ›im Tal‹ ganz eigene Differenzierungen im Spannungsfeld zwischen Kunst und ihrem Ort in der Gesellschaft.

Die Initiative ist zunächst eine private und zwar die eines Künstlers, der vermeintlich traditionelle Bildhauerei betreibt. Seine Skulpturen begegnen uns im ›Tal‹ wie autonome Bildwerke, d.h. als materiale Objekte und Gegenstände der Betrachtung, die wir klar vor Augen haben. Diese Skulpturen sind nicht selbst soziale oder kommunikative Prozesse, [36] wenngleich sie solche thematisieren, insofern sie Haltungen (ein Neigen, ein Beugen, ein Sich-Verschließen, ein Sich-Öffnen...) verkörpern und Verhältnisse im Raum definieren. Dagegen wirkt der Kontext, den Wortelkamp im Diskurs mit seinen Kollegen hierfür aufbaut, wie eine große, offene Skulptur für Kommunikation: ein öffentlicher Raum, mit Plätzen, Unterkünften und Wegen, die wir nicht schweigend, sondern sprechend und hörend begehen; ein Raum mit von ihm und anderen gestalteten Situationen, die unser Augenmerk gleichermaßen auf Kunstwerke wie auf Landschaft richten.

Familie oder im Kreise von Freunden die stillen Hallen betritt: die Kunstbetrachtung vereinzelt und bringt zum kontemplativen Schweigen" (Stephan Schmidt-Wulffen: Die Kunst von heute braucht kein Haus. Warum das Museum seine gesellschaftliche Funktion verloren hat. In: Die Zeit, 25. März 1999, S. 54).

[28] Zum Begriff „postheroisch" vgl. auch Dirk Baecker: Postheroisches Management. Berlin 1994.

[29] Vgl. Günter Seubold: Das Ende der Kunst und der Paradigmenwechsel in der Ästhetik. Philosophische Untersuchungen zu Adorno, Heidegger und Gehlen in systematischer Absicht. Freiburg/München 1997.

[30] „Das Museum gerät nicht etwa aus der Mode. Schlimmer: es hat seine gesellschaftliche Funktion verloren" (Stephan Schmidt-Wulffen: Die Kunst von heute braucht kein Haus, a.a.O. Anm. 27, S. 54).

[31] Etwa bei Hans Belting (a.a.O. Anm. 19, S. 104): „Die heutige Kunst wäre ohne das Museum nicht nur heimatlos, sondern stumm, ja unsichtbar. Das Museum wiederum, so wenig es für die Gegenwartskunst prädestiniert ist, würde sich selber historisieren, wenn es vor dieser seine Tore verschlösse. So macht diese erzwungene Allianz jede Alternative zum Museum von selbst zunichte."

[32] Belting behauptet an verschiedener Stelle, die heutige Kunst sei geschwächt, und man versuche sie künstlich am Leben zu erhalten. Z.B schreibt er: „Durch eine verstärkte Vermittlung wird einer geschwächten Kunst das bisherige Ansehen erhalten, indem man den institutionellen Rahmen erweitert. Die Gesellschaft ist, aus ganz verschiedenen Gründen, auf eine Prestigekultur angewiesen und deshalb fest entschlossen, der Kredit zu geben ohne Rücksicht darauf, was diese heute wirklich leistet" (ebda., S. 106). Qualität und gesellschaftliche Bedeutung werden von Belting allerdings offenbar mit Konsensfähigkeit gleichgesetzt: „Wo keine Kunst mehr Konsens auf sich zieht, kann jede Kunst den Auftritt im Museum fordern"(ebda., S. 104).

[33] Als Beispiel für ein Museum mit einem hohen Bewußtsein für die Möglichkeiten der Präsentation von Kunst läßt sich „Situation Kunst (für Max Imdahl)" in Bochum nennen.

[34] Harald Szeemann: Museum der Obsessionen. Berlin 1981, S. 20.

[35] „Solange Kunst weiter in Ausstellungen stattfindet und sich nicht durch kommunikative Zusammenhänge vermittelt, hat die postautonome Periode noch nicht wirklich begonnen. Soll ein Paradigmenwechsel von der autonomen zur

In welchem Verhältnis aber steht Wortelkamps Tätigkeit als Bildhauer zu seinen Aktivitäten als Gestalter eines Landschaftsraumes, in dem seine Arbeiten gleichberechtigt neben den Arbeiten anderer Künstler stehen? Bei Künstlern, die keine materialen Produkte mehr vorlegen, fällt es leicht, ihre „künstlerische Produktion als gesellschaftliche Praxis" [37] anzusehen. Wenn Künstler aber Objekte produzieren, trennen wir wie selbstverständlich die Rolle des Vermittlers von der des Künstlers – eine fragwürdige Unterscheidung, die einem allzu polar operierenden Geschichtsverständnis entspricht: Hier das überkommene Selbstverständnis vom autonomen Künstler, der eminente Werke schafft, und dort der kommunikative Partner, der mit seinen offenen, nicht materialen Werken gesellschaftliche Praxis betreibt. Entwicklungen und Biografien verlaufen aber zumeist weniger linear und monokausal.

Erwin Wortelkamp etwa begann seine Arbeit als Künstler mit politischen Environments und betrieb von 1969–1973 eine Informationsgalerie. [38] Damals bereits ging die Produktion eigener Werke, wie etwa die der „Kommunikationskabinen" mit einem Engagement zur Herstellung öffentlicher Räume für die Werke anderer Künstler einher. So liest sich denn auch die Buch-Dokumentation über seine Informationsgalerie »atelier nw 8« wie ein Werk der Konzept-Kunst, in dem es darum geht, die politischen Bedingungen, unter denen künstlerische Arbeit in den 70er Jahren stattfand, transparent zu machen. [39] Hierin wird deutlich, daß er schon damals den „gesellschaftlichen Raum als unmittelbare Produktionsstätte" [40] von Kunst verstand.
So wie es für die Galerietätigkeit ausschlaggebend war, eine lokale Öffentlichkeit über das damalige internationale Kunstgeschehen zu informieren, eine temporär agierende Kunst zu inszenieren und didaktisch zu vermitteln, so ist das ›Tal‹ Versuch, künstlerische Produktion in einem gesellschaftlichen Kontext zu positionieren. In beiden Fällen operiert Wortelkamp in lokalen Zusammenhängen, um diese zu sprengen. Ein Vorgehen, in dem er Michel Foucaults Bild vom spezifischen Intellektuellen entspricht, den Foucault vom universellen Intellektuellen unterscheidet. Während der universelle Intellektuelle „Träger universeller Werte" ist und sich im „Kampf um die Wahrheit" engagiert, hat der spezifische Intellektuelle „Beziehungen zu einem lokalen Wissen". Anders als der universelle Intellektuelle ist für den spezifischen Intellektuellen nicht „die Veränderung des Bewußtseins der Menschen oder dessen, was in ihren Köpfen steckt, (...) das Problem, sondern die Veränderung des politischen, ökonomischen und institutionellen Systems der Produktion von Wahrheit." „Der spezifische Intellektuelle stößt auf Hindernisse und setzt sich Gefahren aus ... [auch] der Gefahr schließlich, daß ihm niemand oder nur sehr kleine Gruppen folgen." [41]

Im Konzept des »atelier nw 8« berief sich Wortelkamp auf eine Mitteilungsfunktion der Kunst [42] und schrieb der Kunst als einem Informationsträger die Aufgabe zu, die „Vielfalt der Wirklichkeiten transparenter zu machen" [43]. Dabei spielte die Vermittlungstätigkeit eine wichtige Rolle. Im ›Tal‹ hingegen wird bewußt auf eine mediale Aufbereitung der Kunstwerke verzichtet. Dem Besucher wird keine erschließende Systematik an die Hand gegeben, unter deren Anleitung die Werke zu betrachten wären, vielmehr obliegt es seiner Verantwortung, sich Zusammenhänge zu erschließen. Synergien entstehen nicht durch didaktische, sondern durch inszenatorische Maßnahmen: Bepflanzungen, Wegführung usw. Den

kommunikativen Kunst gelingen, mag es ein erster Schritt sein, die Kommunikation zwischen den ‚Werken' zu entwickeln" (Michael Lingner: Vom Ende der Kunstausstellung und Ausstellungskunst. In: META 2, 1992, S. 54).
Stefan Germer spricht von einer Unfähigkeit, trotz des proklamierten „Ausstiegs aus dem Bild", „die historisch entstandene Ausdifferenzierung von Kunst als einer autonomen gesellschaftlichen Sphäre rückgängig zu machen", vielmehr trüge dieser Ausstieg zur Ausdehnung dieser Sphäre bei. „Aus heutiger Sicht müssen die unterschiedlichen Formen des ‚Ausstiegs' deshalb wie Facetten eines symbolischen Handelns wirken, dem es gelang, jenen gesellschaftlichen Bereich, dessen Abschaffung es eigentlich intendiert hatte, durch Erweiterung neu zu legitimieren und somit dessen Fortbestand zu garantieren" (Stefan Germer: Entzauberung des Außen. Bruchstücke einer Theorie der Überschreitung. In: Ausstieg aus dem Bild, a.a.O. Anm. 6, S. 131).

[36] S.o. Anm. 16.

[37] Stephan Schmidt-Wulffen: Subjekt – Objekt, a.a.O. Anm. 11, S. 38.

[38] In dieser Galerie fanden Aktionen und Ausstellungen von Wolf Vostell, Jochen Gerz, Timm Ulrichs, Klaus Staeck u.a., heute weniger bekannten Künstlern statt. Vgl. hierzu die Publikation „atelier nw 8 Dokumentation 1969–1973". Hg. v. Erwin Wortelkamp, Friedrichsfehn o.J., sowie die Ausführungen im nachstehenden Gespräch „Dialog im Tal", dort v.a. S. 109, Anm. 16.

[39] Das Verzeichnis der Ausstellungen, die der Kultusminister Dr. Vogel, der Regierungsdirektor Dr. Roland und der Ministerpräsident Dr. Kohl von 1969–73 in Rheinland-Pfalz eröffneten und der Abdruck zahlreicher Briefe erinnern an Konzepte etwa von Hans Haake.

[40] „Zur Entinstitutionalisierung des bürgerlichen Kunstsystems haben die Künstler einen großen Beitrag geleistet. Die Künstler haben versucht, die üblichen Produktions- und Vermittlungswege des autonomen Kunstsystems – Atelier, Galerie, Museum – zu umgehen und sich einen gesellschaftlichen Raum als unmittelbare Produktionsstätte angeeignet" (Thomas Wagner a.a.O. Anm. 5, S. II).

[41] Alle Zitate im vorstehenden Absatz aus: Michel Foucault: Wahrheit und Macht. Ein Interview von A. Fontana und P. Pasquino. In: Dispositive der Macht. Michel Foucault über Sexualität, Wissen und Wahrheit, Berlin 1978, S. 49–54.

[42] Vgl. „atelier nw 8 dokumentation 1969–1973", a.a.O. Anm. 38, S. 13.

Zusammenhang zur lebensweltlichen Umgebung stellt nicht eine pädagogische Öffentlichkeitsarbeit her, sondern das kommentarlose, unbeschilderte und widersprüchliche Vorkommen der Kunst in einem Lebenszusammenhang, der nur teilweise auf die Kunst hin eingerichtet wurde. Das ›Tal‹ bleibt auch territorial mit den umgebenden landwirtschaftlichen Nutzflächen eng verzahnt. Insofern begegnet man hier den Kunstwerken nicht in einem rein nach den Kriterien des eigenen Systems qualifizierten Kunstkontext. Die Kunst prägt als ein integraler Bestandteil eine Landschaftsgestalt. Sie braucht keine Abgrenzung oder Institutionalisierung, um ihr Existenzrecht zu legitimieren, sondern bestimmt mit ihrer Qualität und ihren Ansprüchen einen Bereich, in dem eben z.B. eine landwirtschaftliche Nutzung wie selbstverständlich weiterlaufen kann. Kunst zeigt sich im ›Tal‹ nicht als Abbild oder Darstellung, zieht sich nicht in den Kommentar zurück: Kunst gestaltet hier Wirklichkeit. [44] Dabei verhalten sich die Werke ganz unterschiedlich offen gegenüber der Landschaft oder dem Betrachter. Hannes Forster etwa stellt uns eine Brücke zum Überqueren eines Baches bereit, die weniger selbst Betrachtungsgegenstand ist, denn Vehikel zur Erfahrung des eigenen Gehens und Sehens. In Arbeiten wie denen von Thomas Lehnerer oder Karl Bobek begegnen uns dagegen figürliche Plastiken, die im traditionellen Sinn Betrachtungsgegenstände sind und eine künstlerische Handschrift tragen. Doch weisen auch diese im Atelier produzierten Objekte bei näherer Betrachtung ein präzises Verhältnis zu ihrem Umraum auf. [45] Das Sich-Verhalten zum lebensweltlichen Raum – sei es ein Widersetzen oder ein Transzendieren – kann überhaupt als das durchgehende Kriterium für die Einbringung der Kunstwerke ins ›Tal‹ gelten.

Das ›Tal‹ ist kein Landschaftsgarten, der als erklärender oder versöhnender Erfahrungsraum für einzelne autonome Kunstwerke eingerichtet wurde. Im ›Tal‹ ist die Durchdringung einer Landschaft mit den Mitteln der Kunst gelungen, ohne die Kunst dabei in einen Dienst zu stellen. In diese Westerwälder Landschaft sind Räume eingebracht, die für den menschlichen Körper wieder erfahrbar sind. In gleichem Maße aber wurden ihr auch Räume – z.B. durch das Hineinschlagen einer Schneise – abgetrotzt, um einen eigenen Willen dagegenzuhalten.
Im ›Tal‹ zeigt sich eine starke Einheit von Selbstreferenz und Fremdreferenz künstlerischer Arbeit. So gelingt eine Überwindung der Selbstbezüglichkeit autonomer Werke, ohne deren Autonomie aufzugeben; es wird ein kommunikatives Potential des autonomen einzelnen Kunstwerks wirksam. [46] Eine spezifische Qualität des Tals liegt mithin gerade darin, diese beiden zu oft polar behandelten Wirkungsformen zu verbinden. Grundlegend dafür ist, daß sich die Werke der Kunst und die Bedingungen ihres Auftretens, ihre Inszenierung hier nicht länger trennen. So wird ›im Tal‹ ein öffentlicher Raum unter den Bedingungen und Ansprüchen der Kunst gestaltet. Hat man das einmal realisiert, ist es überflüssig festzustellen, daß die Inszenierung der Kunst im ›Tal‹ nicht kunsthistorisch aufbereitet ist, sondern selbst mit Mitteln der Kunst arbeitet. Das autonome Werk kann sich in seiner ganzen Sprachkraft und Bildmacht entfalten, ohne sich aus einem lebensweltlichen Gefüge zu isolieren. Wo aber enden hier die Potentiale der Kunst? Man möchte antworten: jenseits der Straße und in den Dörfern.

Karen & Jörg van den Berg

[43] Ebda.

[44] Solche klaren Entscheidungen für die ungebrochene Kunsterfahrung und gegen Beschilderung, Kommentar und Didaktik finden sich bezeichnenderweise in Einrichtungen, die ebenfalls aus dem Ideengut eines je einzelnen Privatmannes entstanden sind: das „Museum Insel Hombroich" in Neuss, Donald Judds „Chinati Foundation" in Texas oder auch die „Situation Kunst (für Max Imdahl)" in Bochum.

[45] Vgl. hierzu die Texte auf S. 124f und S. 153f.

[46] „Kunst im Außer-kunstinstitutionellen-Kontext ist umso interessanter für diesen Kontext, je mehr sie in diesem Kontext etwas tut oder zeigt, was dort nicht schon bekannt ist oder getan wird" (Ludger Gerdes: Autonomie, Formalismus & Moderne Kunst. In: Ludger Gerdes. Ausst. Kat. Kunstraum und Kunstverein München 1990, S. 89).

Dialog **im Tal**

am 22. Juni 1998

mit Michael Bockemühl, Gottfried Boehm,
Jörg van den Berg und Karen van den Berg,
sowie mit Erwin Wortelkamp

[1]

JvdB Gestern sind wir zu viert durchs ›Tal‹ gegangen, um uns heute hier in der „Alten Vogtei", dem Elternhaus von Erwin Wortelkamp [2], zunächst über konzeptuelle Aspekte des ›Tal's‹ zu verständigen …

KvdB … und dabei das Gespräch ohne den Initiator Erwin Wortelkamp zu beginnen, um uns der Sache zuerst – soweit das geht – von außen zu nähern.

Das Symposion der Möglichkeiten oder das Prinzip Dialog

GB Wenn wir uns über konzeptuelle Aspekte der Anlage ›im Tal‹ verständigen wollen, dann sollte man – gerade weil wir ohne Erwin Wortelkamp dieses Gespräch beginnen – die Person des Gründers ins Auge fassen und seine Mitgift, die in das ›Tal‹ eingeflossen ist. Auf dieser Ebene scheint mir interessant zu sein, daß sich das ›Tal‹ in Bemühungen innerhalb der Moderne einreihen läßt, Künstler zu vergemeinschaften, Dialoge zwischen den Künstlern auszubilden. Das Aufeinandertreffen heterogener Positionen steht im ›Tal‹ im Vordergrund, so daß man diesen Landschaftsgarten auch als einen Dialog, als ein Symposion der verschiedenen künstlerischen Möglichkeiten betrachten kann. Ein Symposion beinhaltet immer auch eine soziale Utopie, die – wie mir scheint – auch Wortelkamp sehr am Herzen liegt; die ich seinen angestammten Interessen zurechnen möchte, so daß bei allen Fragen der Naturbeziehung, der Beziehung zwischen Werk und Natur, diese Hintergrundidee der gesprächsweisen Vergemeinschaftung mitschwingt.

MB Dabei ist ja bemerkenswert, daß Erwin Wortelkamp auf Positionen zugegangen ist, die nicht die seinen sind; und die zudem untereinander soweit heterogen bleiben, daß nicht immer geklärt scheint, inwieweit der mitwirkende Künstler überhaupt zu einem Teil des Ganzen wird. Es scheint doch zunächst einmal so, daß individuelle Positionen und Situationen entstehen, und daß diese erst nach und nach in einen Kontext hineingedacht werden. Mit jeder neuen bildhauerischen Position, die in das Ensemble aller anderen Kunstwerke ›im Tal‹ aufgenommen worden ist, stellt sich mir das Problem neu, wie diese sich in Spannung zu dem stellt, was schon vorhanden ist. Und ich weiß nicht, ob eben das überall zu Ende diskutiert wurde. Zumindest entsteht kein Dialog, der im Konsens ausgetragen wird. Ich sehe hier vielmehr ein Spannungsgefälle. Es fragt sich also, auf welcher Kommunikationsebene dieses Zusammentreffen ausgetragen wird.

GB Um auf diese Fragen zu antworten: Es ist im Grunde die radikale Individualität der jeweiligen künstlerischen Ansätze. Die sind sehr verschieden und stimulieren den Dialog ebenso wie sie des Dialogs bedürfen. Genau da würde ich Wortelkamps wichtigsten Beitrag und auch seine Begabung – in diesem Bereich jedenfalls – sehen: Er ist einer, der eingesehen hat, daß die Vereinzelung, daß die Partialität künstlerischer Äußerungsformen eines solchen Austauschs, einer solchen Gesprächsform durchaus bedarf.

[1] Professor Dr. Michael Bockemühl, Lehrstuhl für Kunstwissenschaft, Ästhetik und Kunstvermittlung an der Privaten Universität Witten/Herdecke; Professor Dr. Gottfried Boehm, Lehrstuhl für Neuere Kunstwissenschaft an der Universität Basel (CH); Jörg van den Berg und Dr. Karen van den Berg, Kunstwissenschaftler und Ausstellungsmacher; Erwin Wortelkamp, Bildhauer und Initiator der Anlage ›im Tal‹.

[2] Die „Alte Vogtei", ein Romantik Hotel in Hamm an der Sieg wird heute durch die Familie von Erwin Wortelkamps Bruder Egon geführt. Das alte Fachwerkhaus stammt aus der Mitte des 18. Jahrhunderts und ist das Geburtshaus von Friedrich Wilhelm Raiffeisen, des berühmten Sozialreformers aus dem 19. Jahrhundert. Erwin Wortelkamp hat sich immer wieder auf diese historischen Dimensionen bezogen. Zuletzt mit seinem Buch: Friedrich Wilhelm Raiffeisen (1818–1888), woher – wohin. Hg. v. Hotel Alte Vogtei, Fürstenfeldbruck 1997 (ISBN 3-00-001653-8).

Ein wirklicher Dialog basiert ja auf der Heterogenität und Individualität der unterschiedlichen Sprachen, die zu einem Gespräch drängen. Wobei dieses Gespräch auch darin bestehen kann, daß sich Arbeiten untereinander anschweigen, sich gar nichts zu sagen haben, nicht daran denken, zu kommunizieren. Dabei ist es interessant zu sehen, daß Natur zunächst wie eine Folie erscheint, die diesen Austausch oder dieses Symposion der Positionen erleichtert. Darin wäre sie nicht sehr verschieden von einem Museum, wo sich solche Dialoge auch ausbilden könnten. Die Natur scheint ›im Tal‹ gleichsam der abstrakte Ermöglichungsgrund eines solchen Gesprächs. Das ist sicher keine hinreichende Bestimmung dieser Natur, dieses natürlichen Umfelds, aber doch ein erster Gesichtspunkt.

JvdB Wenn sie die Natur zunächst als ‚Ermöglichungsgrund' für den Dialog auffassen, dann möchte ich das um zwei Aspekte ergänzen. Zum einen sehe ich ›im Tal‹ Skulpturen, die sich fremd in die Landschaft hineinstellen. Zum zweiten sind an vielen Stellen die Orte, die die jeweiligen Skulpturen aufnehmen, ganz bewußt gestaltet und damit auch als sie selbst bedeutend. Genau das haben wir gestern beim Rundgang etwa bei der Arbeit von Marin Kasimir gesehen. Wir haben die Ausbildung dieses ‚barocken' kleinen Platzes mit seiner gerundeten Bank, mit der kreisförmig angepflanzten Eibenhecke am Rande der Schneise nicht nur als etwas diskutiert, das die Betrachtung der Figurinen von Kasimir ermöglicht; dieser Platz schafft zugleich auch einen Abschluß für das ganze Terrain zwischen dem „Haus für August Sander" und der Schneise. Ein Terrain im übrigen, in dem man durch strukturierte Räume hindurchschreitet, in dem man jetzt das Gefühl hat, sich in gestalteter Landschaft zu bewegen. Für die Inszenierung solcher Zusammenhänge ist bei dreißig Künstlern, die hier mittlerweile vertreten sind und die ja nur in den seltensten Fällen gleichzeitig vor Ort gearbeitet haben, ein spiritus rector unverzichtbar. [3] Eben das spürt man in der Gestaltung der Umfelder und Orte, überhaupt im Dazwischen.

MB Daß dieser Aspekt auch für Wortelkamp von zentraler Bedeutung ist, zeigt sich daran, daß er in den Übersichtsplan des ›Tal's‹ [4] Achsen eingezeichnet hat, die nicht nur Blickachsen sind. Sie stiften vielmehr von Ort zu Ort Beziehungen, die Wortelkamp ganz stark bewußt sind, auch wenn sie in der Sommerlandschaft teilweise von Laub und Gras so überwuchert sind, daß sie mit dem Auge fast nicht mehr zu erfassen sind. Klar ist, daß die Wahl des Ortes, an dem etwas geschieht, einen ganz wichtigen Schritt im Entstehungsprozeß des Ganzen darstellt. Mit der Definition des Ortes setzt der Dialog zwischen den jeweiligen Künstlern und Erwin Wortelkamp bereits ein; mit der Setzung entstehen dann verschiedene Beziehungsebenen: einmal von Kunstwerk zu Kunstwerk, dann vom Kunstwerk zur Landschaft und letztlich zu allen Kunstwerken, insofern sie gemeinsam ein Ganzes bilden. Allerdings nimmt manches der Kunstwerke überhaupt nicht Bezug auf etwas außer sich selbst. Zu nennen wären beispielsweise die beiden Figuren von Fritz Schwegler oben im Mischwald. Gerade in diesen Fällen drängt sich die Frage auf, inwiefern die Landschaft ein Neutrales sein kann. Ist nicht allein durch die Wahl des Ortes eine Spannung angelegt, die im Museum nicht in dem Maße thematisiert werden könnte? Landschaft provoziert bei der Betrachtung doch viel stärker eine Ganzheitsvorstellung als es eine Sammlung im Museum je könnte.

[3] Auch hierin zeigt sich vielleicht eine weitere Parallele zum griechischen Symposion, das in der Regel von einem „Herrn des Gesprächs" geleitete wurde, einem Gastgeber auch im Sinne einer geistigen Verantwortung. Er hieß „Symposiarch". Vom Gastgeben, von Wirten und Gasthäusern wird weiter unten im Gesprächabschnitt mit Erwin Wortelkamp noch die Rede sein.

[4] Am Beginn des ›Tal's‹ findet der Besucher in einem kleinen Kasten einen solchen Übersichtsplan, den er auf seinem Weg durch die Anlage mitnehmen kann. Der Plan gibt nicht die exakten Standorte der einzelnen Skulpturen an, so daß er dem Besucher ein Suchen (und Finden) nicht gänzlich abnimmt.

JvdB Ich möchte das in zweierlei Hinsicht aufnehmen. Zunächst weiß ich nicht, ob das ›Tal‹ überhaupt auf eine Erfahrung von Ganzheit hin angelegt ist – das müßte man noch diskutieren. Zum zweiten: wenn man den Natur- bzw. Landschaftskontext mit dem neutralen, oder jedenfalls allzu oft auf Neutralität hin ausgerichteten Museumsraum vergleicht, dann schafft die Natur in jedem Fall spezifischere Bedingungen für die jeweiligen Kunstwerke. Vielleicht kann man sie eher mit den Rezeptionsbedingungen in privaten Sammlungsräumen vergleichen, wo Kunst in einem lebendigen, sich verändernden Kontext aufgehoben ist.

KvdB Wir haben jetzt vier Ebenen des Dialogs ›im Tal‹ angesprochen: einmal derjenige Dialog, der im Prozeß der Entstehung zwischen den Künstlern und Wortelkamp stattfindet. Dieser Dialog ist für den Betrachter primär nicht sichtbar, aber vielleicht spürbar; für den einzelnen Künstler aber sicherlich sehr, sehr wichtig und auch ein Anreiz, hier mitzumachen. Im Museum jedenfalls findet ein Diskurs von vergleichbarer Intensität äußerst selten statt. Wortelkamps kommunikative Fähigkeiten sind da mit Sicherheit etwas Besonderes. Die zweite Ebene wäre der Dialog zwischen Kunstwerk und Ort. Die dritte Ebene der Dialog der Kunstwerke untereinander …

GB … und die vierte Ebene ist die Frage, inwiefern dieser Dialog überhaupt ein Ganzes entstehen läßt.

KvdB Genau. Alle diese Ebenen zeigen, daß es hier um die Bestimmung von Positionen geht, aber auch um einen kommunikativen Akt. Die Frage, ob man das Ganze auch als ein Gesamtwerk betrachten kann, haben wir bisher noch nicht geklärt. Wir haben gesagt: in Wortelkamps ›Tal‹ wird der Dialog zentrales Thema. So gesehen ginge es dann hier gar nicht mehr um sichtbare, materielle Strukturen oder benennbare Objekte als einheitstiftende Momente, sondern um die kommunikative Tat – den dialogischen Prozeß. Der Dialog stiftet die Einheit des Ganzen.

GB … und der kommt – paradoxerweise – erst durch die heterogenen künstlerischen Positionen zustande.

JvdB Aber hat man deshalb ein Ganzes im Blick?

Das Ganze – Grenze, Grenzen, Überschreitungen

GB Man hat ein Ganzes doch schon insoweit im Blick, als man – wie immer man sich auch darin bewegt – im Bewußtsein hat, einen ausgezeichneten Bereich kennenzulernen, der sich von anderen Bereichen durch die Konstitution einer wie immer deutlichen oder undeutlichen Grenze der Erfahrung unterscheidet. Und dieser Gesichtspunkt scheint mir von größter Bedeutung zu sein, weil er im Grunde alles, was man im Einzelnen wahrnimmt, mit einer Auszeichnung versieht. Es ist herausgehoben, es ist in ein Kontinuum gebracht, in dem es Unterschiede setzt. So gesehen ist der Beginn an der Brücke (gemeint ist die Schriftarbeit von Paul Isenrath) oder am Arbeitsplatz auch ein deutliches Signal einer solchen Begrenzung. [5] Im übrigen ist das ein konstitutiver Grundgedanke des Gartens überhaupt; ob ihn nun die Mauer umgrenzt oder die offene optische Grenze, mit der wir es hier wohl eher zu tun haben.

JvdB Was sie für den Beginn mit dem Arbeitsplatz sagen, teile ich, aber wie verhält es sich inmitten der Anlage. Ist man sich innerhalb dieser doch sehr unprätentiösen Landschaft und auch der sehr integrativ arbeitenden Landschaftsgestaltung tatsächlich noch dessen bewußt, daß man sich in einem ausgezeichneten Bereich bewegt? Oder wird dieses Bewußtsein nicht vielmehr systematisch zurückgedrängt?

MB Interessant ist ja beispielsweise, daß Wortelkamp sich dafür eingesetzt hat, auch die Straßen, die nur noch in Sichtweite zu seinem Areal liegen, mit Bäumen neu zu bepflanzen. [6] Durch solche Maßnahmen werden die Blicke begrenzt, wird das ›Tal‹ zu einem Raum innerhalb der Landschaft.

KvdB Wobei ich es schwierig finde, definitiv zu entscheiden, was dazugehört und was nicht, weil die Grenzen fließend bleiben…

JvdB … es gibt ja auch nicht zufälligerweise kein Tor, durch das man die Anlage betritt, und keinen Zaun, der ein Innen von einem Außen trennen würde.

KvdB Genau; und darüber hinaus bleiben die landschaftsgestalterischen Maßnahmen so zurückgenommen, daß Zaunpfähle und Stacheldrähte geblieben sind, was sie sind. An der Gestalt der ehemals landwirtschaftlich genutzten Kulturlandschaft ist eigentlich sehr wenig geändert worden. Es läßt sich nicht genau sagen: da hört es auf, da fängt es an. Es gibt allein Hinweise, wo eine Grenze sein könnte und wo eine andere Wahrnehmungsebene angestrebt ist, aber man weiß letztlich nicht genau, wo man seine Wahrnehmung sensibilisieren muß und wo nicht.

GB Das ähnelt genau der Erfahrung, die man im Dialog macht. Wenn man miteinander redet, redet man unter Bedingungen von Begrenztheit zeitlicher Art, thematischer Art, wie immer. Aber man weiß nie genau, wo das Kontinuum des Gesprächs dann wirklich zu Ende ist, es hat diese offenen Ränder. Und ihre Beschreibung deckt sich in erstaunlichem Maße mit dem, was einen guten Dialog ausmacht – das finde ich bemerkenswert.

JvdB Für die Definition von Grenzen und die offenen Ränder spielen auch die geographischen Voraussetzungen eine Rolle. Als ich das erste Mal die Anlage betreten habe, habe ich ein Tal erwartet; also etwas Schattiges und Enges, in dem man sich eingeschlossen und aufgehoben fühlt – das ist ja hier nicht gegeben. Es scheint mir für die Frage nach den Grenzen bemerkenswert, daß ich hier nicht auf eine Landschaft treffe, die steil ansteigt bis zu einem gewissen Punkt und dann ist Schluß – ich meine für das Auge.

[5] Zwei deutliche Grenzsetzungen muß man erwähnen, nämlich die beiden Stahl-Stelen von Heinrich Brummack, die Anfang und Ende des ›Tal's‹ markieren. Die eine steht hinter der Straßenbrücke zwischen Schulhaus und Arbeitsplatz und die andere am Anfang des Gemeindewegs, der Werkhausen und Hasselbach verbindet, in Werkhausen.

[6] Solche Pflanzungen sieht man nun sowohl an der Straße zwischen Werkhausen und Leingen, wie auch in einem Terrain zwischen der Straße von Hasselbach nach Werkhausen und dem alten Gemeindeweg, der parallel dazu durch die Wiesen verläuft. Beide Neu-Anpflanzungen gehen auf Initiativen von Lothar Heimann und Erwin Wortelkamp zurück. Beide haben auch die Wiedereröffnung des alten Gemeindewegs zwischen Hasselbach und Werkhausen betrieben. Dieser Weg war durch großzügiges Zäunen der Bauern eingeweidet worden und die meisten erinnerten sich schon gar nicht mehr, daß man auch jenseits der Straße zum anderen Ort gehen konnte. Jetzt ist dieser Weg wieder geöffnet und als Wegraum durch den „Lehrpfad" von Claudia Terstappen mit seinen dreizehn Texttafeln erfahrbar. Darüber hinaus durchkreuzt der Weg die Arbeit von Joachim Bandau.

Lothar Heimann ist als persönlicher Freund der Familie Wortelkamp in den letzten Jahren auch zum Kustos ›im Tal‹ geworden. Er ist mit dem Tal als einheimischer Werkhausener auch biografisch eng verbunden. So war der Weg durch das Tal sein Schulweg, im alten Schulhaus der Familie Wortelkamp ging er zur Schule. Bereichert wird die Anlage durch ihn auch deshalb, weil er einen Acker zur Verfügung stellte, auf dem in Zukunft der „Feldgarten" (siehe S. 176f.) zu finden sein wird.

Auf der anderen Seite liegt das ›Tal‹ genau zwischen den beiden Ortschaften Hasselbach und Werkhausen, die die Anlage nach Norden und nach Süden zu begrenzen; nach Westen hin tut dies die Gemeindestraße, die beide Orte miteinander verbindet. So wird die Anlage an drei Seiten durch vorgefundene, vom Menschen gesetzte Begrenzungen und nicht durch natürliche, topographische Bedingungen abgeschlossen. Das scheint lapidar, aber es verdeutlicht, wie Wortelkamp mit natürlichen Vorgaben, vor allem aber mit zurückliegenden Eingriffen des Menschen in den Naturraum umgeht und beides in ein Verhältnis setzt.

KvdB Auf der östlichen Hangseite im übrigen, also dort, wo sich keine künstliche Grenze anbietet, dort bleiben die Interventionen – also sowohl Wortelkamps frühe Arbeit „Vielleicht ein Baum", als auch „Der Ring" von Norbert Radermacher oder auch die Arbeit von Johannes Brus und Kim Wortelkamp – immer unterhalb der Höhe.

Unterwegs sein

JvdB Vor dem Hintergrund unseres Fragens nach einem Ganzen und dem Charakter dieses Ganzen möchte ich das Erschließungssystem, die Inszenierung des Gehens, wie es sich ›im Tal‹ zeigt, ansprechen. Die gemähten Wiesenwege z.B. haben ja in den meisten Monaten die Tendenz zur Selbstauflösung, indem sie fast nahtlos und nur noch durch den anderen Grünton des gemähten Grases unterschieden, in die Landschaft übergehen. Ein freies Gehen löst dann ein zielgerichtetes Wandern ab. Hinzukommt, daß man sich, selbst wenn man dem Übersichtsplan folgen wollte, nicht auf einen Rundweg begeben kann. Nachhaltigsten Ausdruck findet diese Idee an den Stellen, wo bewußt Sackgassen-Situationen gesetzt sind. [7] Durch all diese gestalterischen Entscheidungen wird unweigerlich ein anderes Gehen inszeniert, werden ganz andere Bedingungen geschaffen, unter denen ich einem Phänomen begegne. Das Einzelne isoliert sich, man kommt hin, muß umkehren, um zum Nächsten zu gehen. Und dann kommt immer wieder die Frage auf, was das eine tatsächlich mit dem anderen zu tun hat? Und diese Frage treibt einen weiter.

MB Das gestörte Gehkontinuum finde ich im Zusammenhang mit der Frage nach der Einheit, nach dem Ganzen einen wichtigen Aspekt. Es scheint, als ob jedes romantische Spazieren gnadenlos unterbrochen werden sollte. So setzt sich beispielsweise das „Haus für August Sander" unterhalb des alten Steinbruchs vollkommen gegen seine Umgebung und schafft einen Innenraum, der als Raum zunächst keinen Bezug zu irgendetwas anderem aufnimmt. Dann aber plötzlich werden die Bauern-Portraits von August Sander, die man im Innenraum des Gebäudes sieht, zu einem monumentalen Element der Erinnerung und der Ortsdefinition. Wenn man dann wieder aus dem „Haus für August Sander" hinausgeht, dann trägt man die Erinnerung an diese Erinnerung mit sich. Und dadurch kommt eine Heteronomie auch in einzelnen, sehr spannungsreichen Anordnungen zustande, die aber nie im Sinne der Vereinheitlichung wirken.

[7] Solche Sackgassen finden sich z.B. bei den Arbeiten von Karl Bobek, Fritz Schwegler, Heinz Breloh oder Norbert Radermacher.

JvdB Wenn wir feststellen, daß im ›Tal‹ eine Einheit systematisch unterlaufen wird, dann möchte ich doch nochmal die Frage nach möglichen Bezügen einzelner Arbeiten untereinander stellen. Oder gibt es solche Bezüge überhaupt nicht?

GB Wir haben unser Gespräch mit dem Dialogmodell begonnen. Und man macht ja immer die Erfahrung, daß man in Gruppen, die sich dialogisch miteinander verbinden, zu manchen Äußerungen mehr neigt als zu anderen, auch zu manchen Personen mehr Sympathie entwickelt als zu anderen; daß man also bei aller Offenheit der Situation doch auch Verwandtschaften und Empathien ausbildet. Dieser Vergleich ist vielleicht geeignet, jene kleinen Verbindungen, um die es Ihnen geht, zu charakterisieren. Es gibt Werke, die haben einen Charme, der überträgt sich auf eine benachbarte Position. Und insofern gibt es dann auch Verbindungen. Nehmen sie z.B. diese zweiteilige Arbeit von Joachim Bandau, die in sich selbst schon eine solche Beziehung aufmacht. Ein Angebot, das nicht allzuweit reicht; auch nicht reichen soll, denn die große Verbrüderung ist nicht vorgesehen. Das wäre eine Lüge. Wir haben nicht mehr Einheit als die Intelligenz des Dialoges ermöglicht.

KvdB Genau. Empathien, Widerspruch und Ergänzungsbedürftigkeit waren auch im Entstehungsprozeß der gesamten Anlage immer wieder Auslöser für Wortelkamp das Gesamte wachsen zu lassen. Und ich denke, das ist auch spürbar. Ich will nur einige Beispiele hierfür nennen: Nachdem mit einer Gruppe von sieben oder acht Arbeiten begonnen wurde, verlangten die so besetzten Positionen nach ganz spezifischen Ergänzungen. Beispielsweise war die Arbeit von Thomas Lehnerer im Kontext der eher formalen Arbeiten von Bury, Deiml, Fritsch, Nierhoff und Reineking zunächst die einzig figürliche und stach damit hervor. Deshalb war es wichtig, daß eine Skulptur wie der „Dreibeiner" von Karl Bobek hinzukam. Damit waren die figürlichen Arbeiten alle eng mit der Todesthematik verknüpft, so daß mit Ausnahme der eher ironisch-grotesken Arbeit von Heinrich Brummack das Gesamte zu ernst und existentialistisch zu werden drohte. Der Tiefgründigkeit mußte Humoreskes entgegenstehen, so kamen die Arbeiten von Fritz Schwegler in den Wald. Dann fehlte eine Verknüpfung zwischen den Arbeiten in der Talsenke und denen auf der Anhöhe, das war Anlaß für die Arbeit von Wolfgang Luy. Eine weitere Verbindung von oben und unten sollte durch die Erde gehen; da sonst alle Arbeiten auf der Erdoberfläche standen, fehlte etwas, das in die Erde hineingeht; so kam es zum Schacht von Bogomir Ecker, der nun seinerseits nach einem Gegenpart verlangte, was dazu anregte, den Raum von Gloria Friedmann direkt unterhalb seiner Arbeit in den Hang zu setzen, so daß sich diese beiden Arbeiten in ihrer Verlängerung imaginär in der Erde dort begegnen und parallel zur Schneise durch den Wald eine Verknüpfung von oben und unten leisten – so schildert Wortelkamp diese ganzen Prozesse, aus denen sich ein ganzes Netzwerk von Beziehungen ergibt. Um solches Denken in Beziehungsnetzen über den Entstehungsprozeß hinaus durchzuhalten, kommt es zudem ganz wesentlich darauf an, Hierarchien zu vermeiden oder irgendeinen Ort absolut zu setzen. Entsprechend gibt es in der Anlage keinen besonders hervorgehobenen Ort. Letztlich laden alle Arbeiten und Situationen mehr oder weniger dazu ein, weiterzugehen, oder erinnern einen daran, daß man unterwegs ist.

MB Ich finde es interessant, sich im Vergleich dazu praehistorische Stätten vors innere Auge zu rufen, Orte, an denen z.B. ein Menhir gesetzt oder ein Apollon-Tempel errichtet wurde; wo sind diese Orte, die zunächst naturbezüglich waren und – jetzt möchte ich mal sagen – Gegend definiert haben? Der Stein oder der Tempel machen erst den Natur-Ort zum Teil eines sinnvoll zu erlebenden Zusammenhangs. Wenn man Naturmythen und Mythologien verfolgt, so stellt man fest, daß es sinnhaft typische Orte gab, wo z.B. die kastalische Quelle entsprang, die halbe Höhe, auf der nur ein Apollon-Tempel stehen konnte, usw.
Im ›Tal‹ sind nur wenige in diesem Sinne ortsstiftende Skulpturen zu finden. Vielleicht gehört z.B. diese kleine Plastik „Armer Mensch" von Thomas Lehnerer dazu, die unter der alten Eiche am Ausgang des Mühlengrabens steht. Ganz stark ortsdefinierend scheint auch das „Stück im Tal" von Ludger Gerdes zu sein. Aber wenn man dann Besitz nehmen will von diesem Ort, dann gibt es kein richtiges Innen und kein richtiges Außen. Ein anderes Beispiel wäre für mich die Arbeit „Schrei" von Bogomir Ecker, die gar nicht überblickt werden kann, und von der ich letztlich wissen muß, wie sie wohl aussehen könnte.

GB Orte und Werke, die in diesem Sinne eine völlige Einpassung in vorhandene Gegebenheiten zeigten, würden den Fluß der Erfahrung unterbrechen und auch im Hinblick ihrer Bemerkung vorhin über die Diskurse, die sich überlagern, Kurzschlüsse erzeugen. Man hätte den Eindruck, es gäbe in diesem Stück Natur Stellen völliger Ruhe. Wenn es solche ausgezeichneten Stellen tatsächlich geben würde, dann wären sie imstande, vor allem die Zwischenbereiche zu beherrschen.

JvdB Das scheint zunächst eine überraschende Feststellung zu sein. Wenn man sich beispielsweise die Arbeit mit der Bronze von Erwin Wortelkamp ansieht, so fällt doch sofort auf, daß hier ein Ort geschaffen wurde. Das gleiche ließe sich über die Arbeiten von Brummack, Deiml, von Bobek oder Gerdes sagen. Dennoch möchte ich Ihnen zustimmen, denn alle diese Orte zeichnen sich an einem bestimmten Punkt durch eine Brechung aus, die sie ihrer Umgebung enthebt. Sie gehen nicht in ihrem Umfeld auf, sondern bewahren immer auch eine Differenz, die einen weitertreibt.

KvdB Man kann sagen, daß das Unterwegs-Sein, das Dazwischen-Sein eines der zentralen Motive der Anlage ist. Die Häuser, sicher auch Brummacks ‚Picknick-Szenario', sind Verweilstätten, sind Raststätten, und damit auch nur Hinweis darauf, daß man unterwegs ist. Dieses Motiv zieht sich durch ganz verschiedene Arbeiten hindurch, also nicht nur in der „Überbrückung" von Hannes Forster oder dem „Übergang" von Jo Schöpfer oder dem „Labyrinth" von Götz Stöckmann, sondern auch in „Beziehungen gegen Bedingungen" von Ansgar Nierhoff, in Nikolaus Gerharts „Kern und Hülle" – auch hier kommt es auf den Weg und die Energie zwischen den Teilen an – oder in Karl Bobeks „Dreibeiner". Bei all diesen Arbeiten spielt es eine Rolle, daß man eben nicht den definierten Ort hat, an dem man sich aufhält. Selbst der „Bildstock (dem namenlosen Gott)" von Kazuo Katase führt nicht nur zur Konzentration, sondern zugleich zu einer Öffnung.

„Ambulo ergo sum“ [8] – Eine pittoreske Ästhetik

MB Es gibt in der Anlage ja auch keinen Punkt, von dem Übersicht zu gewinnen ist. Nur von den Rändern des ›Tal's‹ aus bauen sich bestimmte Blickpunkte oder Teil-Übersichten auf. Beim Durchlaufen wechseln die Sichtmöglichkeiten und die Ordnung des Ganzen und die Wirkung des Einzelnen fügt sich erst in der Erinnerung in eins. Ich weiß, dort drüben ist die Bachstelle, wo dem Blick verborgen das Wasser über den „Bildhauer im Fluß“ von Heinz Breloh fließt. Und mit diesem Wissen gehe ich zur nächsten Position, die auch wenn sie damit nicht unmittelbar zu tun hat, jetzt mit diesem Wissen vernetzt wird.

GB Aber was ist mit den Sichtachsen, von denen sie sprachen?

MB Die sind eben gar nicht so explizit erfüllt, wie sie Erwin Wortelkamp beispielsweise in diesen Übersichtsplan hier einzeichnet. Es sind eher gedachte Achsen.

GB Aber wenn man sich vorstellt, es gäbe eine Position des völligen Überblicks über die Anlage, von der Höhe herunter beispielsweise, dann macht dieses Gedankenexperiment deutlich, daß dies geradezu tödlich für das Konzept wäre, weil die Position des Überblicks jeglichen Dialog überflüssig macht. Der, der den Überblick hat, setzt eine Hierarchie und er weiß es besser, er kann sofort relativieren. Sich etwas auf dem Wege zu erschließen, wäre dann nicht mehr der Mühe wert. Damit aber würde die ganze pittoreske Ästhetik, pittoresk im Sinne der Landschaftskunst des späten 18. Jahrhunderts – was dort bedeutet, eine ambulante Ästhetik – hinfällig. Etwas erschließt sich im Gehen, und nur im Gehen, und hat keine andere Gestalt als die, die sich erschließenderweise ergibt. Eine solche pittoreske Ästhetik wäre damit ruiniert. Und wenn das „Symposion der Positionen“ eine richtige Beschreibung der Anlage ist, dann ist auch dieses Ambulante als ein wesentliches Kennzeichen dieses Symposions eine richtige Beschreibung.

KvdB Ihre Beschreibung einer ambulanten bzw. pittoresken Ästhetik möchte ich nochmals verstärken. Das ›Tal‹ ist aus individuellen Situationen gedacht, aus einer Multiperspektivität. Dabei finde ich wichtig festzuhalten, daß die Situationen und Skulpturen über einen Zeitraum von vielen Jahren zueinander addiert worden sind. Wenn etwas Neues hinzukam, mußte man über die Definition der gesamten Anlage, über die Wege usw. jeweils neu nachdenken, vielleicht etwas verändern. Wenn ich dagegen z.B. an das Landschaftskonzept der Insel Hombroich [9] denke, so hat man dort erst einmal tabula rasa gemacht, um dann eine renaturierte Auenlandschaft zu gestalten. Eine solche Gesamtplanung, eine gesamtheitliche Ortsbestimmung, gab es im ›Tal‹ nie. Sie hätte auch einen historischen Zeitpunkt absolut gesetzt, so wie im barocken Garten. Wortelkamps ›Tal‹ aber behält die verschiedensten Zeitebenen. Es beläßt den alten Mühlengraben, ebenso wie die Weidezäune und die Tannenschonung. Er sagt nicht, weil das eine aus den 60er Jahren ist, gilt das jetzt nicht mehr als adäquate kulturlandschaftliche Vorgabe, paßt das jetzt nicht

[8] *„Ambulo ergo sum.* Der Satz stammt aus der Feder des französischen Mathematikers und Philosophen Pierre Gassendi (1592–1655), Zeitgenosse von René Descartes (1596–1650) und mit ihm, teilweise ihm widersprechend, Begründer der Philosophie der Neuzeit … In seinen 1644 als Erwiderung auf Descartes publizierten „Dubitationes“ wandte sich Gassendi gegen den cartesianischen Dogmatismus und dessen intuitionistische Auffassung von Erkenntnis als reines Verstehen und suchte demgegenüber die sinnlich wahrnehmbaren Zeichen in ihr Recht zu setzen, auf die der Mensch sich stützen könne auf dem Weg zur Erkenntnis. Damit forderte er die Berechtigung einer Wissenschaft der Phänomene und Erscheinungen…“ (zit. n. Klaus Weschenfelder: Denken heißt überschreiten. In: Architektur und Kunst – Kunst und Architektur. Are Gymnasium Bad Neuenahr 1997). Klaus Weschenfelder setzt sich in dem zitierten Text mit der Arbeit von Erwin Wortelkamp auseinander, die dieser am Are-Gymnasium realisierte. Ein Element dieser Arbeit ist eine großformatige Schrift. „Ambulo ergo sum.“ Das Ambulo spielt somit nicht nur für das ›Tal‹ eine entscheidende Rolle, sondern findet sich auch an verschiedenen Stellen im Œuvre von Erwin Wortelkamp wieder. Explizit als Titel auch für eine Serie von Arbeiten auf Papier aus dem Jahr 1995. Siehe Erwin Wortelkamp, Arbeiten auf Papier 1986–1996. Ausst. Kat. Landesmuseum Mainz und Galleria d'Arte Contemporanea di Ascoli Piceno 1996/97.

[9] Das Museum Insel Hombroich entstammt einer Privatinitiative von Karl-Heinrich Müller, der diese einmalige Anlage, zwischen Düsseldorf und Neuss an der Erft gelegen, gegründet hat. Mittlerweile ist das Ensemble aus Natur, Kunst und Architektur in eine Stiftung überführt worden.

mehr ins Bild vom Westerwald hinein. Wortelkamp kann den verplantesten Situationen noch etwas abgewinnen, greift sie als Vorgaben auf und schafft Verknüpfungen.

MB Ein Beispiel dafür sehe ich in der Arbeit von Ansgar Nierhoff. Da war ein kleines Niemandsland zwischen Weidezäunen, wo nun Nierhoff mit seinen Setzungen eine, ja auch rechtliche Situation ›im Tal‹ mit zum Anlaß für eine Gestaltbildung nimmt.

KvdB Ja, diese Arbeit weist auf Grenzen von Besitzverhältnissen innerhalb des ›Tal's‹; [10] ein Thema, das normalerweise in einem Landschaftsgarten überhaupt keinen Platz hat. In einer wirtschaftlich genutzten Kulturlandschaft hingegen ist das Normalität. Und diese Normalität der Funktionalisierung von Landschaft, die wirtschaftliche Nutzung, wird ›im Tal‹ ins Konzept mit hineingenommen, hat ihren festen Platz. Und deshalb können und müssen hier auch weiter Kühe weiden und die Arbeit von Paul Isenrath darf auch zeitweise als Tränke für sie dienen usw. Auch das Abgrenzen wirtschaftlich relevanter Besitzverhältnisse wie die banale Einfriedung eines Grundstücks, wird Teil des Konzepts.

Gegen den Tod

GB Das gebietet auch die demokratische Situation, unter der dieser Garten angelegt ist, im Unterschied zu einer Grundherren-Mentalität des Adels, die den klassischen Landschaftsgärten vorausliegt.
Was sie zuletzt sagten, gibt mir Anlaß, noch einen anderen Gesichtspunkt allgemeiner Art anzusprechen: Mir leuchtet sehr ein zu sagen, daß die Orte nicht nur räumlich bestimmt sind, sondern daß sie auch zeitlich, ganz sicher historisch bestimmt sind. Historisch erst mal und dann auch zeitlich von der Erfahrung des Betrachters her, in der sie sich aufschließen. Wenn man sich auf diese Beobachtung konzentriert, dann drängt sich die Frage auf, was denn das Bedürfnis ist, sich einer solchen Anstrengung zu unterziehen. Will sagen, welches Bedürfnis bewegt einen, auf diesem Stück Land dreißig Arbeiten aufzustellen, für wen geschieht das? Es geschieht natürlich für die wenigen Benutzer, für die Künstler, für die Freunde, für die Gemeinde, aber sub specie – nicht gerade aeternitatis, aber doch einer längeren Zeit – ist das eine Auseinandersetzung, die Dauer beansprucht und vor dem Hintergrund des Todes erfolgt. Im Grunde ist es eine andere Art von recht verstandenem „Friedhof". Friedhof meint: hier werden Erinnerungen gestiftet, hier wird gegen die Zeit angearbeitet. Es wird eine Spur gelegt, in der durch die Mittel der Gestaltung Zeichen des Lebens etabliert werden, die man aber nur verstehen kann, wenn man sie als Zeichen versteht, die gegen den Tod gesetzt sind. Es scheint mir natürlich generell für Plastik ein wichtiger, vielleicht nicht genügend diskutierter Gesichtspunkt zu sein, aber hier kommt er voll heraus. So gesehen fand ich es einen interessanten Randdialog mit dem wirklichen Friedhof, der ja gleich nach dem „Einstieg" von Lutz Fritsch an das ›Tal‹ grenzt. [11] Natürlich ist die Unterschiedenheit ins Auge fallend, aber

[10] Zwischen den beiden Stahlsäulen von Ansgar Nierhoff kommt es zu einer Durchkreuzung verschiedener Besitzverhältnisse.
Generell läßt sich sagen, daß das Areal zunächst gepachtet wurde mit der Absicht, es erwerben zu wollen. Da der sofortige Erwerb bei weitem die finanziellen Möglichkeiten überstieg, wurde die Taktik zur Praxis, die für die Gesamtidee notwendigen Parzellen übergreifend zu erwerben. D.h. zwischendrin liegen immer wieder Flächen, die landwirtschaftlich genutzt werden und auch im Rückblick auf den englischen Garten die Gesamtanlage mit einer anderen Lebenswirklichkeit durchdringen.

[11] Der Friedhof von Hasselbach grenzt unmittelbar an das ›Tal‹. Man blickt immer wieder auf ihn, wenn man nach dem „Einstieg" rechts durch den Wald zur Anhöhe aufsteigt. Und auch der Friedhof von Werkhausen, in einiger Entfernung auf der Höhe gelegen, kommt immer wieder in den Blick, vor allem dank des Spiegels für die Arbeit „Sonne – Licht – Mensch" von Michael Deiml, der unmittelbar neben dem Friedhof aufgestellt wurde.

daß Kunst sich vor der Folie des Todes zeigt und ihre Sprache gewinnt, das scheint mir für das ›Tal‹ besonders wichtig.

KvdB Es gibt ja auch eine ganze Reihe von Arbeiten, die sich dezidiert mit dem Thema Tod auseinandersetzen: Ich nenne nur mal Ludger Gerdes' „Stück im Tal", Karl Bobeks „Dreibeiner", Kazuo Katases „Bildstock (dem namenlosen Gott)" und auch den „Armen Mensch" von Thomas Lehnerer.
Darüber hinaus aber empfinde ich die Problematik des Verfalls, also die Frage, wie sich die jeweilige Kunst überhaupt in und gegenüber der Natur behaupten kann, zentral. Es gibt einerseits diese extrem künstlichen, der Natur fremden Situationen, wie den „Bildhauer in der Mittagssonne" von Heinz Breloh oder auch das kleine Pferd in der Arbeit von Johannes Brus, wo irgendwie versucht wird, der Zeit, der Natur, der Verwitterung zu trotzen. Auf der anderen Seite trifft man auf Arbeiten, die letzten Endes ihren eigenen Verfall mit hineinnehmen, wie der „Dreibeiner" von Bobek.

MB In manchen Kunstwerken ist das Werden und Vergehen der Natur mitkonzipiert, während andere sich formal oder auch material diesem natürlichen Prozeß entgegenstellen. Bei Brelohs „Bildhauer im Fluß", der bei höheren Wasserständen im Bach verschwindet, weil er überspült wird, gehört die Naturwirkung unbedingt dazu. Diese Plastik integriert sich nahezu in das Bild ihrer Umgebung, in den Phänotyp der Wurzeln und Bäume und dergleichen, die das Wasser durchfließt; ganz anders dagegen der Übergang von Jo Schöpfer, wo gegen die Wasserform direkt offene Gitterstrukturen aus Aluminium gesetzt sind; und auch der Betonblock, der sich dort ganz gegen das Kontinuum des Ufers sperrt und starr bleibt, wo eigentlich Matsch und Veränderung ist. Schöpfer hat – formal gesehen – an einem ähnlichen Ort wie Breloh genau das Gegenteil gemacht. Wenn man das Ganze der Anlage betrachtet, dann verändert sich das Verhältnis der Kunstwerke zur Natur natürlich ganz stark im Jahresrhythmus. So war für mich gestern faszinierend zu sehen, daß die Eminenz der Setzung mancher Skulpturen im Sommer stark verschwindet. Im Winter dagegen, wenn das Laub gefallen ist und die Strukturen deutlicher hervortreten, werden die einzelnen Werke relativ weit sichtbar.

Fremdheit statt Idylle

GB Ich möchte den Gesichtspunkt der Fremdheit besonders unterstreichen. Es gäbe keine Dialoge, wenn wir nicht die produktive Kraft der Fremdheit erführen. Und wenn man das auf die Situation ›im Tal‹ übertragen wollte, dann muß man sagen, alles wäre falsch gemacht, wenn die Versöhnung der Arbeiten mit der Natur zu weit ginge. Wenn man also der Illusion oder der Suggestion erläge, es gäbe so etwas wie einen Frieden mit der Natur, dann würde diese wichtige Erfahrung der Fremdheit und damit ein Realitätsprinzip beseitigt. Und auf dieser Ebene kann man im übrigen auch eine Erwartung korrigieren, die vor dem Hintergrund ökologischer Diskussionen an eine solche Anlage herangetragen werden könnte: als ginge es darum, daß hier ein natürliches Verhältnis zwischen Artifizialität und Naturalität zu erstreben wäre. Das wäre im Grunde Idylle oder grüner Kitsch, der mit einer Naturerfahrung im 20. Jahrhundert überhaupt nichts mehr zu tun hat. Man muß sich davor hüten, einer solchen Verharmlosung unserer Beziehung zur Natur Vorschub zu leisten. Mit einem Satz: Die Natur ist das Prinzip oder der Garant der Fremdheit. Und die Fremdheit ist entscheidend wichtig für ein sinnvolles Modell von Kultur.

KvdB Die Natur ist etwas, dem sich der Mensch pausenlos zu widersetzen versucht. Zugleich aber tragen wir einen Urgrund der Natursehnsucht in uns.

MB Das gibt uns einen außerordentlich wichtigen Aspekt für diesen Garten. Dieser Garten ist nicht das Paradies und auch nicht ein utopischer Garten, insofern er seine Fremdheit als Natur in der kulturellen Setzung bestätigt und nicht von vornherein in diese utopische Erwartung transponieren soll. Er ist – wenn man so sagen könnte – ein Anti-Garten.

GB Ich will nicht um Worte streiten, aber das war schon im Paradies so. Die Fremdheit wohnt im Paradies, weil die Schlange drin ist. Das Paradies ist eine Konstruktion aus der Perspektive des Sündenfalls. Die Fremdheitserfahrung ist in den alten Geschichten überall zu finden. Wir haben es auch hier wieder mit der Grenze, der Mauer zu tun. Der Paradeisos-Garten war ein ummauerter Garten. Es braucht die Mauer und darin liegt ja auch die Anerkennung von Fremdheit.

MB Das Tal aber verdankt sich dem Versuch, im Spannungsfeld dieses Wissens ein Beziehungsnetz aufzubauen.

KvdB Wobei ich entscheidend finde, daß das ›Tal‹ keine rein ästhetisch bedingte Konstruktion ist. Lebensweltliches – also landwirtschaftliche Nutzflächen wie auch sich selbst überlassene Natur – durchdringen sich hier mit Strukturelementen eines Landschaftsgartens. Aber der Landschaftsgarten ist eben nur eine Schicht innerhalb des Spiels von Überlagerungen. Dieses direkte und betonte Ineinandergreifen von ästhetischen Aspekten und funktionalen, lebensweltlichen Bedingungen, scheint mir die Spannung in Wortelkamps Konzept auszumachen.

JvdB In dieser Überlagerung von Ebenen, vor allem aber in der Inszenierung der Fremdheitserfahrung erkenne auch ich ein Grundprinzip ›im Tal‹. Also, man kann ja beispielsweise beobachten, daß die Anlage die Autonomie der einzelnen Kunstwerke und auch die Autonomie der Kunst gegenüber der Natur nicht zu verwässern versucht. Sie führt – ganz im Gegenteil – die Autonomien aufeinander zu. In dieser Inszenierung der Fremdheit sehe ich einen entscheidenden Beitrag zum virulenten Diskurs über das Verhältnis von Mensch und Natur – dies um so mehr vor dem Hintergrund einer eher mißverständlich harmonisierenden Ökologie-Bewegung, in der versucht wird, genau diese Fremdheitserfahrung permanent zu überspielen …

KvdB … und in der die wilde, sich selbst überlassene Natur als eine Art Idealzustand stilisiert wird; ein Idealzustand, zu dem der Mensch gar nicht dazugehören darf; oder zumindest als gestaltender Faktor suspekt ist.

MB … ein Extrem-Ökologismus. Dagegen kann man das Bild des Gärtners stellen, der die Naturkräfte so lenkt, daß sie sich selber überhöhen und dadurch einen Überfluß bilden, der dann nährt. Das ist natürlich ein anderes Bild von Ökologie, in dem sozusagen der Mensch als ein die Naturkräfte gestaltender und beeinflussender Faktor auftritt. Auch ›im Tal‹ muß gemäht werden, müssen Schneisen geschlagen und offengehalten werden. Es muß gegen die Verwachsung gearbeitet, in das Erdprofil eingegriffen werden, um überhaupt Räume für Kunstwerke zu erhalten. Es wird mit dem Stück Land gearbeitet.

GB Und dazu kommen dann die Gebäude, also die Kleinarchitektur von Gloria Friedmann oder das „Haus für August Sander" von Hanspeter Demetz oder auch das „Haus für den Hasselbacher Reiter" von Claus Bury. Gerade diese architektonischen Eingriffe können deutlich machen, daß das Naturverständnis, das sich im ›Tal‹ zeigt, Natur nicht meint als freie, äußere Natur, also das Gegenteil der Bewohnbarkeit, das, was übrig bleibt, wenn man Häuser, Dörfer, Städte, Innenräume ausgegrenzt hat. Das Verständnis hier schließt menschliche Aktivitäten ein. Umgekehrt ist auch der Mensch selbst Natur. Die metaphorische Pointe der Arbeit von Gloria Friedmann besteht doch darin zu zeigen, wie die Natur in uns selbst, in unserem Herzschlag präsent ist. Unsere organische Konstitution verbindet uns mit der Natur. Dieses Geräusch, das uns am Leben erhält, in diesem in den Hang eingegrabenen Gebäude hörbar zu machen, scheint mir das Problem schlüssig zu veranschaulichen. Natur wohnt in uns …

MB … so daß die Natur nicht mit der Landschaft aufhört.

JvdB Ergänzend möchte ich sagen, daß sich im ›Tal‹ eine Verantwortung gegenüber dem Gesamterscheinungsbild einer Landschaft bemerken läßt, die weit über den Horizont eines begrenzten Landschaftsgartens hinausweist. Es geht hier doch darum, paradigmatisch die Qualitäten einer Kulturlandschaft zur Sprache zu bringen, einen adäquaten Umgang mit den ortsspezifischen Eigenschaften zu suchen – allerdings nicht im Sinne einer harmonischen Angleichung. Es geht über den engeren Kunstdiskurs hinaus um eine kritisch-produktive und in die Zukunft weisende Auseinandersetzung mit einer Kulturlandschaft.

GB In dem, was sie jetzt beschrieben haben, sind die Eingriffe in die Natur nicht unter Kategorien von Schönheit oder ästhetischem Design zu fassen. Wortelkamp hat das selbst in seinem Text zur ersten Broschüre über das ›Tal‹ so angesprochen, daß er nicht von Schönheit reden will. [12] Man könnte hinzufügen,

[12] Erwin Wortelkamp: Wie unterwegs – „das Ganze zu schauen" – dabei zunächst kein Wort über Schönheit. In: Skulptur im ›Tal‹, a.a.O. S. 86, Anm. 1, S. 8.

auch gar nicht darf. Denn in dem Augenblick, wo er das täte, würde er das, was wir jetzt unter Fremdheit diskutieren, vertreiben und eine Situation erzeugen, wie sie die Matadore der Museumsarchitektur jüngst in Vielzahl erzeugt haben. Ein architektonisches Design plustert sich auf und nivelliert die Unterschiede zwischen den künstlerischen Positionen. Hier wird etwas anderes deutlich. Die ästhetische Maxime, unter der die prekäre Balance zwischen den Kunstwerken und den Naturgegebenheiten funktioniert, hat etwas mit Fremdheit, mit Alterität zu tun. Wo sie wirksam wird, spricht man traditionell von „Erhabenheit". Etwas, das sich nicht auf Formeln kompositorischer Schönheit bringen läßt, diese vielmehr unterminiert.

MB Man könnte natürlich auch sagen, Schönheit kommt dort auf, wo eine Sache sich selbst zeigt. Und es wäre der Eingriff, der eine Landschaft schön macht, auch so zu verstehen, daß man deren Eigentendenz durch eine subtile oder subkutane Manipulation zur Erscheinung bringt. Und in diesem Sinne tritt im ›Tal‹ auf einer Metaebene Schönes wieder vor, indem Heterogenität und Individualität gerade aufgrund der Tatsache in Erscheinung treten, daß sie sich dem Kontinuum der Landschaft entheben. Ich schaffe also mit der Landschaft dann doch einen Rahmen, um aus diesem Zusammenhang das Kunstwerk als Einzelnes hervortreten oder darin verschwinden zu lassen. Insofern muß man die Schönheit auf verschiedenen Ebenen verschieden ansetzen und hier als Frage und nicht als Antwort sehen. Das Erhabene wird von diesem Sich-zur-Erscheinung-Bringen mit aufgenommen, weil die Natur dann selber die Möglichkeit hat, eben über das hinwegzugehen, was gegen sie gesetzt ist. An dieser Grenze wird das Erhabene allererst bewußt.

KvdB Ich möchte das noch einmal etwas anders formulieren. Die Überlagerung verschiedener Zustände, von vollkommen durchgestalteten Bereichen und von Bereichen, wo sich Natur selbst überlassen bleibt, erscheint mir eminent wichtig, da erst durch die Kontrastierung die Kraft der Natur sichtbar wird. Also, wenn ich da einfach alles nur wuchern, einfach nur geschehen und verfallen lasse, dann kann das Lebensprinzip gar nicht in der Weise zur Erscheinung kommen. Deshalb sind Kontraste und auch Widersprüche eine spezifische Qualität, die eine Hoffnungsdimension aufmachen, die das ›Tal‹ ganz wesentlich von Landschaftskonzepten unterscheidet, in denen Wildnis idealisiert wird oder in denen eine Gestaltungsmaxime eine Struktur festlegt. Jede Renaturierung ist strenggenommen eine künstlich erzeugte Natur und bringt insofern in geradezu bedrückender Weise die ökologische Selbstgefährdung des Menschen zu Bewußtsein. Dagegen zeigt das Gegeneinandersetzen und Überlagern von differenten Zuständen, eine Spannung und hierin gewaltige Lebenskräfte, die uns hoffen lassen und Sinn konstituieren.

GB Wobei die Differenz ja nur erhalten bleibt, wenn sich Erfahrungen nicht zu sehr stabilisieren und zum Stehen kommen. Die Bilder, die man erfährt, die man unterwegs erfährt, müssen transitorisch bleiben, dürfen sich nicht verfestigen. Wenn wir von Schönheit reden wollen, dann nicht im Sinne einer endgültigen, überschaubaren Ordnung. Darin liegt im übrigen auch ein Kriterium für zukünftige Planungen. Man hüte sich, solche Dinge ins Spiel zu bringen, die zu sehr harmonisieren und damit die Offenheit, die jeder wirklichen Erfahrung innewohnt, aufheben. Damit wäre auch das Moment der Hoffnung aufgehoben.

MB Das Moment der Hoffnung ist womöglich auch das Argument für die Setzung selbst. Sie fragten ja, was einen überhaupt dazu bringen kann, so etwas wie das ›Tal‹ zu machen. Der Impuls könnte doch sein, eine komplexe Situation aufzubauen, innerhalb derer Spannungen möglich werden und Differenzen ja überhaupt erst zur Erfahrung kommen – Ort werden und auch diskutabel werden.

Natur wahrnehmen

GB Ich möchte noch etwas ansprechen, was mich auf unserem Weg durchs ›Tal‹ gestern die ganze Zeit begleitet hat. Es ist die Erfahrung, daß man die Naturstimmen immer mithört, wenn man da geht. Das ist etwas Ausgezeichnetes, was man im Museum nicht erfährt, wohl aber hier im schönen Westerwald. Das Geräusch der Insekten, das Gezwitscher der Vögel, das Geplätscher des Baches. Zur besonderen Poesie gehört auch, daß sich z.B. die Beobachtung der Vögel mit Norbert Radermachers „Ring" verbindet, den er dort hingetan hat, wo die Vögel nisten. Welche Rolle spielen solche Erfahrungen des akustischen, optischen, vielleicht auch haptischen Naturraums, wenn man durch die Wiesen stolpert?

MB Das sind entscheidende Erfahrungen: Man geht durch dunkel verschattete Zonen, dann wieder über helle, lichtüberstrahlte Wiesen. Im Graben ist es eng, auf den Hügeln weit. Mal sinken die Füße ins nasse Bachufer, dann geht es wieder über trockene harte Steine. Auch die Gerüche wechseln, sind von Zone zu Zone sehr unterschiedlich. Wir sind gestern auch durch Zonen von sehr unterschiedlicher Wärme gegangen – die Kälte in Gloria Friedmanns Höhle, die feuchte Wärme unten bei den Tümpeln, die trockene Hitze auf dem Holzbau von Claus Bury. Die Verflechtung aller Sinnesebenen und ihr inneres Zusammenführen – gleich ob dies nun bewußt oder unbewußt geschieht, machen einen Ort in der Natur erst zur Landschaft. Landschaft ist ein Element des Bewußtseins. Landschaft ist immer gesehene Welt, zur Landschaft gehört das Gesehen-Sein – das Erfahren durch die Sinne und die Erinnerung der Einheit – dazu. Das hat sie mit dem Kunstwerk gemeinsam. Und insofern das ›Tal‹ durchschritten wird und sich im Gehen und Verweilen das Bild der Landschaft aufbaut, zeigen sich auch die Werke der Kunst in der Zusammenhänglichkeit einer gesamthaften Erfahrung. Zugleich wird die Landschaftserfahrung durch die Kunstwerke differenziert, denn die sind für den, der hier geht, durchaus in der Natur angetroffene Elemente und somit Teile der Landschaft. Andererseits erweitert die als Landschaft erlebte Natur die Erfahrungsdimension der in ihr sich zeigenden Werke der Kunst.

JvdB Diese Sensibilisierung für eine bewußte Wahrnehmung der Landschaft und der natürlichen Gegebenheiten ist in meinen Augen auch eine genuine Leistung der Anlage. Das ist etwas, was das ›Tal‹ von einem Skulpturengarten unterscheidet, in dem die Wiesen einfache Sockel für die daraufstehenden Plastiken werden. Hier dagegen werde ich über die Konzentration der Wahrnehmung auf die Kunstwerke zu einer ganz anderen Aufmerksamkeit gegenüber den Naturphänomenen geführt. Z.B. ist die erste kurze Rast für mich beim „Einstieg" unmittelbar hinter der Treppe, um dort den Mikrokosmos der Moose am Wegrand zu beobachten. Die Intensität der Kunstwahrnehmung führt zu einer veränderten Sensibilisierung auch gegenüber den alltäglichen, vom Menschen geschaffenen Dingen: Der „Arme Mensch" von Thomas Lehnerer beispielsweise, verbindet sich in solchen Hinsichten mit den mindestens ebenso ‚armen' Zaunpfählen, mit der alten Rinde der hinter ihm stehenden Eiche; der „Bildstock (dem namenlosen Gott)" mit den Futterhütten der Kühe, die sich rhythmisch über den Hügel zu verteilen scheinen …

MB Unter Umständen ließe sich also sagen, das Thema „Hinblick" ist genuin für das Kunstwerk, aber nicht genuin für die Natur. Viele Bauern gucken einen doch immer noch schräg von der Seite an, wenn man eine aufsteigende Lerche beobachtet…

GB … und die Echtmaus [13], die interessiert nur insofern sie die Körner frißt.

MB Da wo Kunst es leistet, auch Natur als etwas zu Sehendes zu begreifen, da wird Kunst zu einem Fenster, um wahrzunehmen.

KvdB Gerade deshalb müssen sich die Kunstwerke gegenüber den Sensationen des Naturerlebens erst einmal behaupten. Wenn wir gestern beispielsweise die Glühwürmchen im Wald faszinierender fanden, als die Lichtinstallation von Nikolaus Nessler, [14] dann muß man feststellen, daß das eben auch für die Künstler eine gemeine Herausforderung sein kann …
Um aber noch einmal ganz konkret auf die Frage zurückzukommen, welche Rolle diese Ebene der Naturwahrnehmung spielt: Ich sehe die Naturphänomene als produktive Konkurrenz, als ein lebendiges Kontinuum, dem sich die Kunst immer in bestimmter Weise widersetzen muß oder das sie – wie in Norbert Radermachers Arbeit – aufgreift, um es in diesem Falle nicht ohne eine gewisse Ironie, zu überhöhen.

JvdB Genau diese Konkurrenz ist die Voraussetzung dafür, daß die beschriebene Sensibilisierung für die Wahrnehmung der Naturphänomene zu keiner Aufhebung der Fremdheitserfahrung führt.

Zeitfragen

GB Lassen sie uns vielleicht nochmals über die unterschiedlichen Aspekte der Zeit sprechen. Diese Anlage hat einen historischen Anfang. Wortelkamp entscheidet sich, sie zu entwickeln. Es ist anno 1986. Wird sie aber auch ein historisches Ende haben – oder wird sie es nicht haben?

[13] Vgl. die Texttafel „Echtmaus" im „Lehrpfad" von Claudia Terstappen. Abgedruckt auf S. 170.

[14] Nikolaus A. Nessler: „Platz für einen stillen Samba". Installation im Rahmen des „jour fixe 1998". Vgl. auch „Nikolaus A. Nessler: *enormous reservoirs of energy*". Ausst. Kat. Kunstverein Hasselbach 1998.

JvdB Weitere bleibende Arbeiten will Wortelkamp nicht mehr hinzufügen. Insofern hat sie ihr Ende schon erreicht. Was jetzt folgt ist eine Phase der landschaftsgärtnerischen Pflege und des natürlichen Wachstums, durch die die landschaftsgestalterischen Maßnahmen erst ihre ganze Qualität zeigen können.

KvdB Leben und Bewegung wird sich aber an eigens geschaffenen Orten für temporäre Arbeiten, den sogenannten „offenen Anlagen", dem „Haus für die Kunst" und im sogenannten „Feldgarten" ereignen. Wie dies aussehen kann, haben wir ja gestern am ersten „jour fixe" erleben können, und Vergleichbares wird hoffentlich in den nächsten Jahren am 21. Juni immer stattfinden. Was die Fortsetzung des Landschaftsgartens selbst anbelangt, so ist jetzt eine Grenze erreicht, an der man gar nichts mehr machen dürfte. Ansonsten würde man das Spiel zwischen Wahrnehmbarkeit und Versteckheit, zwischen Suchen und Finden gefährden …

GB … ja, man darf die Anlage nicht überfüllen. Aber das Gedankenexperiment ist ja erlaubt: Wir sind alle tot, das heißt diejenigen, die das ›Tal‹ begleiten, es mit Leben erfüllt haben, insbesondere der Autor dahinter. Was ist dann das Interesse daran? Handelt es sich dermaleinst um einen historischen Kunst-Natur-Dialog, aus dem Ende des 20. Jahrhunderts, den man besichtigt wie einen Garten aus dem 18. Jahrhundert? Wie ist das mit zukünftiger Anschlußfähigkeit? Ist das ein Gespräch, das eine kommende Generation interessieren kann?

KvdB Dieses Gedankenexperiment finde ich überaus geeignet, um sich zu fragen, inwieweit der dialogische Ansatz, von dem wir sprachen, der kommunikative Aspekt der gesamten Anlage und die soziale Utopie sich in eine Zukunft transportieren lassen. Erscheint das Projekt ›im Tal‹ am Ende dann doch nur wie die Manifestation an die Nachwelt. Kommt es uns in einigen Jahren dann doch vor wie ein Bildhauer-Friedhof? Mich würde interessieren, wie Erwin Wortelkamp selbst über diese Sache denkt, welche Hoffnungen er vielleicht an das Projekt knüpft.

Ausblicke, Rückblicke – im Dialog mit Erwin Wortelkamp [15]

JvdB Aus dem Vormittag bringen wir vor allem zwei Fragen mit, die beide damit zusammenhängen, daß wir ›im Tal‹ auch eine soziale Utopie sehen: Inwieweit siehst du in Friedrich Wilhelm Raiffeisen ein Vorbild? Und wie denkst du dir die Zukunft vom ›Tal‹?

GB Seit ich dich kenne spielt ja in deiner Arbeit die Zusammenarbeit mit Menschen eine große Rolle. Ich erinnere, daß das ja schon in Eurer Informationsgalerie „nw 8" [16] damals in der Pfalz wichtig war. Und dieses Mit-Menschen-Arbeiten setzt ja eine bestimmte Erwartung, Hoffnung, eine Utopie voraus.

[15] Der erste Teil des Gesprächs im Hotel Alte Vogtei wurde ohne Erwin Wortelkamp geführt. Die Fortsetzung fand dann in Wortelkamps Küche des alten Schulhauses statt. Erwin Wortelkamp hatte dabei keine Kenntnis von den Inhalten dessen, was bis hierher diskutiert wurde.

[16] Das „atelier nw 8" veranstalte Ausstellungen, Lesungen, Konzerte und Diskussionen von 1969–1973 in der Regel an jedem ersten Samstag im Monat. Es lockte damit hunderte Interessierte in die Räume eines ehemaligen Bauernhofs mit Kuhstall, Tenne und Scheune in Beindersheim; später in eine ehemalige Schreinerei in der Stadtmitte Frankenthals. Beide Situationen wurden weit über den Rhein-Neckar-Raum für die Kunst und ihre Vermittlung bekannt. Bald nach der Schließung der Informationsgalerie erschien das Buch „atelier nw 8 dokumentation" im Verlag „international artists cooperations" des Konzeptkünstlers Klaus Groh (Friedrichsfehn 1973). Ausführlich sind darin die Aktivitäten des „nw 8" festgehalten, die Erwin Wortelkamp mit seiner Frau Ulla und Schülern in der Personalunion als Künstler, Kunsterzieher und Galerist iniziierte.

Die muß von irgendwoher kommen. Man kann jetzt schnell sagen, die kommt halt aus dir. Gewiß, aber du kommst aus einem Elternhaus, in dem Raiffeisen geboren wurde.

EW Es gibt da tatsächlich ein Verhältnis. Erst im vergangenen Jahr habe ich mit sieben Autoren verschiedener Fachgebiete ein Buch zu Friedrich Wilhelm Raiffeisen gemacht, [17] das meine Familie aus der „Alten Vogtei" herausgegeben hat. In diesem ist mein „Raiffeisen-Kopf" abgebildet, den ich neben dem Gasthaus – öffentlich jederzeit zugänglich – plaziert habe. Diese Arbeit bringt zum Ausdruck, was mich an dem Mann interessiert hat: Er machte den Versuch, Wege zu finden über Stock und Stein, begleitet von einem ausgeprägten Verantwortungsgefühl für die damalige Not der Bauern. Er hat eine Geradlinigkeit probiert ohne Hurerei. Das imponiert mir. Als „Kopfträger" aber habe ich ihn nie gesehen, deshalb wollte ich zum Beispiel in dem erwähnten Buch wissen, wie ein Theologe das Tun Raiffeisens unter dem Aspekt eines fundamentalen Sozialverhaltens sieht. Ich wollte mehr erfahren, ob es z.B. Kontakte zu Marx und anderen gab. Das war aber nicht der Fall. Inzwischen bin ich mehr an Persönlichkeiten wie z.B. Sophie von Hatzfeld [18] interessiert, die all die Kontakte hatte – über Fürst Pückler bis zu Garibaldi. Ich hoffe nur, daß niemand hier im Westerwald auf die Idee kommt, diese fürstlich-anarchische Dame zu vernutzen, wie das vor Ort mit Raiffeisen in einem Denkmal bereits geschehen ist. Da verteilt Raiffeisen Brot an einige Kinder, so als seien sie Bettler. Erfreulich ist es, daß einige Wenige noch ein Gefühl haben für diese Reduzierung eines Sozialwerks und die Beleidigung armer, aber tüchtiger Bauern.

KvdB Du meinst die Raiffeisenplastik hier oben in Weyerbusch an der Bundesstrasse.

EW Genau.

KvdB Aus dem, was du jetzt erzählst, wird wieder einmal deutlich, wie sehr dich deine unmittelbare Umgebung hier im Westerwald berührt.

EW Meine Haßliebe zu meiner Umgebung, die ich gerne Heimat nennen würde, kommt wohl schon durch. Ich sage auch immer gerne: Der Westerwald hat nur noch eine Chance, wenn Schnee liegt. Aber um auf Raiffeisen zurückzukommen: als Kopfträger hat er mich – wie gesagt – weniger interessiert, da war ein zweiter großer Mann unserer Region viel wichtiger: der Fotograf August Sander. [19] Auch Sander muß diese Gegend in bestimmtem Maße geliebt haben, sonst hätte er es nicht geschafft, uns ein solch beeindruckendes Bild der Menschen hier zu hinterlassen. Ich habe zu Sander eine achtungsvolle Zuneigung entwickelt, je mehr ich von ihm erfuhr – vielleicht sogar eine politische Identifikation. Beispielsweise fand ich schön zu wissen, daß Sander Bauern Geld gab, um das Fällen von ihm lieb gewonnenen Bäumen zu verhindern. Übrigens hieß es immer: „der Sander nimmt uns ab", also nicht auf. Ich halte diese Aussage immer noch für die beste Analyse im Blick auf die stirnköpfige Verschlossenheit der Leute hier, als sei das Mißtrauen eine Basis.

[17] Siehe S. 94, Anm. 2.

18] Sophie Gräfin von Hatzfeldt (1805–1881). Von 1822–1851 verheiratet mit dem Grafen Edmund von Hatzfeldt-Wildenburg. Später Freundin von Ferdinand Lasalle und Streiterin für die sozialistischen Ideale.

[19] August Sander, der vielleicht berühmteste deutsche Photograph dieses Jahrhunderts wurde in Herdorf an der Sieg unweit des ›Tal's‹ geboren und starb in Köln. Sander hatte lange Jahre sein Atelier in Köln und kam von dort aus immer wieder in der Westerwald und speziell in die unmittelbare Umgebung des ›Tal's‹, um mit der Kamera über die Dörfer zu ziehen und Auftragsportraits der Bauernfamilien aufzunehmen. Elf dieser Photographien sind nun im „Haus für August Sander" zu sehen. Den hohen Grad an Authentizität mag die Tatsache verdeutlichen, daß die beiden Photographien links und rechts der Eingangstür Familien aus Werkhausen zeigen. Verläßt man das „Haus für August Sander", dann blickt man auf eben diese Häuser in Werkhausen.

GB Vielleicht ist aber die Tatsache, daß du aus einem Wirtshaus stammst, viel wichtiger als diese Auseinandersetzung mit Raiffeisens Sozialutopie oder mit Sander?

EW Das glaube ich ganz bestimmt. Daraus leite ich eigentlich fast alles ab. Eines der zentralen Worte aus dem Kontext Wirtshaus, ist das der Gegenseitigkeit. Ich sehe in dem Wort ein Gegenüber von Authentizitäten und nur daraus kann eine gegenseitige Achtung entstehen, die aber sehr selten ist, obwohl sie jeder braucht. Ich bilde mir ein, daß ich als Wirtshaussohn sehr früh Interesse an anderen Menschen und ihren unterschiedlichen Begabungen oder an dem jeweils Authentischen entwickelt habe.

GB Dein Elternhaus und Geburtshaus von Raiffeisen ist aber auch eine ganz bestimmte Art von Wirtshaus gewesen, kein gewöhnliches Wirtshaus.

EW Ja, es ist unabhängig von Raiffeisen ein Haus mit langer Familientradition, Metzger und Gastwirte; wobei mein Vater ein über die Grenzen bekannter Bilderbuch-Wirt war. Er war für uns drei Brüder ein Vorbild, denn wir waren früh passioniert und an dem Hause interessiert, jeder in seiner Weise. Der früh verstorbene älteste Bruder war unser Kopf mit viel Offenheit und der Fähigkeit, sich bewegen zu können. Und weil es ums Offene geht, wo sich Authentisches bildet und zur Überprüfung kommt, ein Beispiel für meinen Vater, das ich immer noch vor Augen sehe: Ein Ofen in der Ecke des Gastraums daneben ein Vierertisch. Ein Kommunist (übrigens der einzige im Dorf), ein SS-Mann und ein Braungelber mit Stiefeln und mein Vater. Vielleicht ist das ein Beispiel für das, was ich unter Gegenseitigkeit verstehe.

Die Frage nach der Zukunft, oder: Das ›Tal‹ nach Wortelkamp

GB Jetzt hatten wir aber in unserem Gespräch vorhin noch eine ganz andere Brücke, über die wir dich einbeziehen wollten.

JvdB Wir wollten einen Gedanken durchspielen: wir sind alle tot, die Anlage ist da. Was passiert damit? Ist ›im Tal‹ anschlußfähig für spätere Generationen, wird es besichtigt werden? Was könnte in Zukunft passieren?

GB Die Frage stellen wir natürlich im Hinblick auf die Gegenwart. Noch anders gefragt, wieviel von unserer heutigen Zeit ist drin?

EW Die Fragen zielen auf die Zukunft, während ich zunächst von der Gegenwart sprechen möchte, die vielleicht ein Danach ermöglicht. Die anfängliche Idee konzentrierte sich bald auf einen Wunsch von

acht Kollegen, den Christoph Brockhaus begleitete. [20] Wir nannten es „Skulptur im Tal" und trafen uns mehrfach, um uns dann individuell für bestimmte Stellen in der Landschaft zu entscheiden, die heute eingebunden sind in ein Konzept, das sich prozeßhaft entwickelt hat. Wir griffen auf unsere Erfahrungen im „öffentlichen Raum" zurück, die den Jüngeren noch fehlten, wie uns allen die Erfahrungen im Umgang mit der Landschaft. Sehr bald merkte ich, daß die Realisation zunehmend Sache von unserem Sohn Kim [21], den Landschaftsarchitekten Schnug-Börgerding [22] und mir wurde. Um es abzukürzen: ab etwa 1988 geschah hier nichts mehr, was nicht einem offenen Gesamtkonzept entsprach. Also die Autonomien der jeweiligen Kunst zueinander und im Miteinander der Natur sollten jeden, der hierher kommt, animieren, sich wie in einer Großskulptur zu bewegen. Das reizt mich immer noch, denn schließlich wurde die Anlage zunehmend mein Freilicht-Atelier, wenn ich an zahlreiche Aspekte denke, die hier als Gestaltungsprobleme zu beachten sind und durchaus denen in meiner Werkstatt entsprechen. Ein Beispiel sind die Mähwege, die zum Teil die Anlage erschließen; sie sind nicht nur dem Bodenrelief gemäß eingelagert und lassen Höhen und Tiefen begehbar werden; sie sind auch im Wechsel der Jahreszeiten ins hohe Gras geschnitten, wie die Schnitte meiner Säge ins Holz. Im Detail heißt das auch jedem Fingerhut – ob er einzeln steht oder in Gruppen – seinen Platz zu geben, ihn nicht zu übersehen, ihn also einzubeziehen.

Aber zurück zur Frage nach der Zukunft: Ich hoffe darauf, daß das ›Tal‹ möglichst lange Zeit noch den Versuch macht, der darin besteht, daß mehr als dreißig Bildhauer sich einließen, ihre Arbeiten in Kontexte zu stellen, um so nicht zuletzt ein Zeitdokument mannigfaltig in der Form werden zu lassen. Wenn es möglich wird, zu erkennen, daß hier die jeweiligen Autonomien geachtet wurden und doch zueinander kamen – das fände ich phantastisch. Das könnte vielleicht für eine Zeit rückblickend typisch sein, weil es ja nirgendwo mehr geht; und ich bin ja auch in einem bestimmten Maße gescheitert, denn unter den Künstlern geht kaum was, kaum was untereinander. Das ist eine Realität, die ich erkennen mußte.

Bei allem aber ist klar, daß alles, was hier geschieht, auch zukünftig getragen werden muß durch unsere Familie. Schließlich wirkt sich ein solches Projekt auf alle aus. Wir leben ›im Tal‹ und ich kann für mich sagen, daß ich alles das, was ich dort ›im Tal‹ mache, mit Spaß mache, sonst geht es nicht. Kim ist möglicherweise ein Pfand für die Zukunft.

Das ›Tal‹ als Atelier und Skulptur

GB Wenn du vom ›Tal‹ als deinem Atelier sprichst, dann heißt das doch, du arbeitest in einem Atelier, in dem dreißig weitere Künstler arbeiten, oder gearbeitet haben. Es ist dir also wichtig, daß die Ebene der Gestaltung und der Erfahrung eine Dimension der dialogischen Auseinandersetzung hat, wobei im Hintergrund eine menschenfreundliche Utopie steht, weil das Leben eigentlich primär Austausch ist.

[20] Dr. Christoph Brockhaus, Direktor des Wilhelm Lehmbruck Museum Duisburg. Siehe auch seine Vorworte zu den beiden ersten Broschüren Skulptur im ›Tal‹, Anm. 12, S. 103, Hg. v. Kunstverein Hasselbach 1989, und ›im Tal‹, Hg. v. Kunstverein Hasselbach 1992, ISBN 3-923576-96-x.

[21] Kim Wortelkamp hat das ›Tal‹ seit den Anfängen aktiv mit begleitet. Während und nach seinem Studium der Landschaftsarchitektur und der Architektur in Dresden arbeitete er an der Ausführung verschiedener Werke und landschaftlicher Situationen wie etwa dem „Feldgarten" mit, namentlich entwarf und realisierte er das Umfeld für die Arbeit von Johannes Brus. Siehe S. 131ff.

[22] Die beiden Landschaftsarchitekten Carola Schnug-Börgerding und Hanns-Günther Börgerding sind Freunde der Familie Wortelkamp und Mitgestalter ›im Tal‹. Mit dem Beginn der Anlage 1986 hat Carola Schnug-Börgerding über die Fragen der Verträglichkeit von Kunst und Landschaft in der Ge- und Umgestaltung mit entschieden. Sie fertigte die erforderlichen Baugenehmigungen, erreichte die Umwidmungen des Gesamtareals (im Flächennutzungsplan), aus der nur landwirtschaftlichen Nutzung in ein Gebiet für die „Kunst im Tal". Mit ihrem „Garten für Ulla" – einer Erinnerung an die Gestaltungsmittel französischer Gärten – schafft sie zur Anlage ›im Tal‹ über den Kontrast der Mittel eine Brücke.
Hanns-Günther Börgerding hat wie kein anderer mitgewirkt. Ohne ihn gäbe es keine Arbeiten von Heinrich Brummack, Bogomir Ecker, Gloria Friedmann, Ludger Gerdes, Marin Kasimir, Götz Stöckmann, Kim Wortelkamp – keine Teiche, keinen Arbeitsplatz, keine offenen Anlagen, keinen Feldgarten, eine andere Schneise und schließlich würde weniger wachsen.

EW Ja, zunächst mal eine Achtung. Eine Achtung des anderen, der irgendwas vertritt. Und so sind es eigentlich Positionen, zu denen ich meine eigene habe oder finde. Es sind Formsetzungen in der jeweils für den Kollegen typischen Haltung. Sie bleiben immer auch ein Entgegen, ein Gegenüber.

GB Das ist ja keine Sammlung?

EW Innerlich nicht. Andererseits ist es schon so, daß ich mich gerne mit Dingen und mit Menschen umgebe, die verkörpern, was sie sind oder sein wollen.

MB Du reagierst aber gestalterisch nicht auf jede dieser Positionen?

EW … mit meiner Arbeit? Nein, nein, also das ist ja unmöglich. Was nicht ausschließt, daß Einflüsse wirksam werden. So entdeckte ich irgendwann eine sehr vordergründige Nähe zu dem Beitrag von Nikolaus Gerhart.

MB Aber für dich liegt die Herausforderung doch vor allem in der Gestaltung von Zusammenhängen, oder? Also nehmen wir mal ein Beispiel: Dieser Giebelausbau hier oben an eurem alten Schulhaus, den würdest du doch in seiner Form und Ausrichtung als Reaktion auf die Schneise begreifen und nicht umgekehrt?

EW Ja, die Schneise war erst da und dann mußte ich reagieren, weil ich zunehmend erkannt habe, daß sich das Haus formal parallelisiert mit dem Tal. Und da gab es keine Glaubhaftigkeit für so eine barocke Idee wie die Sichtschneise da. Und jetzt hält es.

MB Du mußtest eine Querachse ins Haus bringen, damit das Haus auf die Schneise bezugnimmt. Darin sehe ich ein skulpturales Vorgehen: Du behandelst sozusagen das ganze ›Tal‹ wie eine Groß-Skulptur.

EW Ja, das ist ja das, was mich eigentlich interessiert. Wenn hier die Bagger sind und sowas, bin ich glücklich. Das ist eine phantastische Sache, da dann arbeiten zu dürfen …

MB … also das Umgehen mit der Erde und das Gestalten des Geländes …

EW Ja. Bagger sind nur größere Werkzeuge und ich habe das auch in irgendeinem Heft geschrieben, wie der Freund Börgerding damit umging. Und die haben ein Feingefühl, viele Leute. Es gibt Leute, die ich hier hinhole, z.B. Kranwagenfahrer, die sind überaus sensibilisiert. Und nicht selten sind deren Augen für das, was mit der Erde geschieht und wie sich eine neue Form entwickelt, offener als die der

Kollegen, die ihre Schichtungen der Plastik oder Skulptur zwar kennen, aber nicht transferieren. Man merkt es besonders, wenn die Stellen, die Orte werden sollten, zu suchen waren; die habe ich mir in den meisten Fällen vorher erdacht. Schließlich habe ich die jeweiligen Künstler im Blick auf ihre eigenwillige Arbeit eingeladen, ihre je spezifische Möglichkeit, in den Raum die Zwischen-Räume zu entwickeln.

MB Heißt das auch, daß du den Künstlern den Platz für ihre Installation zugewiesen hast?

EW Nein, nein! Nur Wolfgang Luy habe ich für diesen Platz dort oben explizit gefragt und der war erstaunt. Es ging darum, die Aue des Tals mit der Höhe zu verknüpfen, die Wege der Bauern zu integrieren, verschiedene Höhen zu bewältigen. Das war eine sehr gute Kooperation, wie auch Wolfgang Luy oft sagte. Und es ist für ihn wie für uns alle eine ganz wichtige Arbeit geworden. Überhaupt waren die Auseinandersetzungen mit den einzelnen Kollegen um die Realisationen überaus intensiv.

KvdB Aber wenn du sagst, das ist wie dein Atelier, kann es dann überhaupt angehen, daß du auch irgendwann aufhörst, daran zu arbeiten?

EW Ja und nein. Das Konzept ist realisiert und mit weiterem Landkauf, wenn möglich, auf eine Zukunft hin gedacht, die in den Händen von Kim liegt. Der „jour fixe", den Ihr ja gestern erstmals erleben konntet, soll jährlich zur Sonnenwende stattfinden. Ansonsten beginnt gerade die Arbeit an einem neuen Projekt „auf der Höhe", an anderer Stelle im Westerwald. [23]
Für die Form der kontextbezogenen Arbeiten, die über meine eigenen skulpturalen Arbeiten hinausgehen, für all das könnte man – auf hoher Abstraktionsstufe – Adolf von Hildebrands „Problem der Form" [24] als eine Vorlage sehen. Bei ihm stieß ich auch auf Marées und Fiedler, dessen Schriften du, Gottfried, erfreulicherweise neu herausgegeben hast; [25] sie sind ein Plädoyer für dieses Dreigestirn, für die Durchdringung von Theorie und Praxis. Eine unverzichtbare Durchdringung – auch ›im Tal‹ – vorher, nachher, zwischendrin, wenn man wissen will, weshalb etwas ist, wie es ist oder weshalb es auftaucht oder verschwindet. Anders gesagt: Für mich sind drinnen (Atelier) und draußen (›im Tal‹) insofern gleich, als es immer um die Umsetzung dessen geht, was für einen selbst ein ‚Problem der Form' ist – in eben der gemeinten Durchdringung.

JvdB Wenn man das in dieser Radikalität hört, daß du das ›Tal‹ und alles was darin und drumherum geschieht, als dein Atelier begreifst, dann ist das durchaus offen für viele Mißverständnisse. Entscheidend für mich ist, daß du nicht hingehst und dreißig Kollegen für dein Atelier funktionalisierst. Sondern dieses Atelier wirkt sich dazwischen, läßt aber die Einbringungen doch in totaler Freiheit für sich bestehen. Und nur so kann das ja funktionieren.

[23] Das Projekt „auf der Höhe" umfaßt die Realisierung von 10 skulpturalen Einlassungen von international renomierten Künstlern entlang der Landesstraße L313/L307/L305 zwischen Eschelbach und Herschbach. Kuratiert wird das Projekt von Erwin Wortelkamp.

[24] Adolf von Hildebrand: Das Problem der Form. In: Ders.: Gesammelte Schriften zur Kunst. Bearbeitet von Henning Bock Opladen 1988. Vgl. zur Auseinandersetzung von Erwin Wortelkamp mit Adolf von Hildebrand: Erwin Wortelkamp: „Wie unterwegs – ‚das Ganze zu schauen' – dabei zunächst kein Wort über Schönheit." In: „Skulptur im ›Tal‹", a.a.O. Anm. 12, S. 8ff. und Erwin Wortelkamp: „Lieber Adolf von Hildebrand". In: ›im Tal‹ a.a.O. Anm. 20, S. 13ff.

[25] Konrad Fiedler: Schriften zur Kunst. Hg. v. Gottfried Boehm. 2 Bde. München (2)1991.

Die Addition von Radikalitäten

EW Das bezeichnet die entscheidende Sache überhaupt. Mit dem Grundproblem, was ja viele Kollegen auch haben. Für mich war sehr früh das Hauptproblem, daß ich keinen benutze, das niemand denkt, ich will da jemanden benutzen. Natürlich sind die Kollegen Helfer einer Gesamtidee. Und es ist, glaube ich, eine schwierige Sache, das begreifen zu wollen. Aber sie entspricht meiner gesellschaftlichen Idee und Utopie, daß der Einzelne sich auch in seiner sozialen Verantwortung sieht und sagt: ich bin – du aber auch. Oder anders: Ich vertrete egomanisch, also als Individualist, meine Position und du sollst deine haben. Dafür kämpfe ich. Die Addition dieser Radikalitäten, die interessieren mich …

MB … so daß es eigentlich zwei Ganzheiten gibt, die sich überlagern können: Einmal das, was wir vorhin Garten oder sogar „Nicht-Garten" genannt haben, dieses Naturstück, das du in Bezug auf die Bearbeitung auch skulptural durchdringst, aber nicht schematisierst. Das andere ist das, was wir ganz am Anfang unseres Gesprächs auf Anregung von Gottfried Boehm als Sozialgestalt angesprochen hatten, womit wir den dialogischen Charakter des Ganzen meinten, in dem sich die Inhalte aus den Differenzen und Spannungen in der Individualisierung überhaupt erst zum Kontext aufbauen; so daß der Betrachter, wenn er da durchgeht, nicht nur durch Natur geht, sondern auch durch das Konzept. Beim Durchgehen stellt der Betrachter Bezüge her. Er bewegt sich ständig in polyvalenten Ebenen, die er gar nicht auseinanderkriegt, weil die Konnotationen natürlich ständig ineinander spielen und aufeinander abfärben. Ich finde interessant, daß du dieses offene Gebilde nun sehr definitiv als deine Skulptur bezeichnest.

EW Ja, er hat recht, man muß da vorsichtig sein mit den Definitionen und ich rede ja vielleicht zu spontan, aber es kommt darauf an, wie ich ein ‚Mein' und ein ‚Dein' betrachte. Da gibt es eine mögliche Gesamtidee, eine Imagination, die sich vielleicht über eine integrierende Kraft zusammenfindet. Mit einem grundsätzlichen Interesse am anderen Kollegen, der bei einem angestrebten gemeinsam-getrennten Ganzen nicht weniger werden darf, sondern mehr. Oder idealiter ein Teil eines Ganzen, für das es ein Gefüge geben muß, das nur bedingt ein Gemeinsames eines Jeden sein kann.

Kommunikation als Skulptur

KvdB Ich glaube, man kann durchaus auch kommunikative Prozesse als Teil einer Skulptur verstehen. Ich gehe heute ja – auch dank Ihrer theoretischen Ausführungen – nicht mehr von einem Modell aus, in welchem ich hier das materiale Werk habe und dort den Betrachter und dann das, was sich dazwischen abspielt, nicht mehr dem Kunstwerk zurechne, sondern als einen reinen Wahrnehmungsprozeß verstehe. Unser gegenwärtiger Begriff vom Kunstwerk rechnet ja kommunikative Prozesse der Identität des

Kunstwerks zu. Und wenn man jetzt auch Wege und kommunikative Prozesse, die auf allen möglichen verschiedenen Ebenen ablaufen können, als Teil eines plastischen Werkes betrachtet, dann finde ich es in Ordnung zu sagen, das ›Tal‹ sei eine Großskulptur.

JvdB Provokativ könnte man ergänzen, die Modernität im ›Tal‹ liegt weniger in den künstlerischen Einzelpositionen als in der Gesamtidee. Das Gesamte hat für mich mit Konzepten zu tun, die aus den siebziger Jahren kommen, die man in Werken jüngerer Künstler der 90er Jahre aber noch verstärkt findet: Insoweit, als ›im Tal‹ kommunikative Prozesse integrale Bestandteile eines Werkes sind, könnte man es als herausragendes Beispiel für eine Skulptur der sogenannten „Kontext-Kunst" betrachten. [26] Mit „Kontext-Kunst" sind künstlerische Arbeiten gemeint, die die Bedingungen unter denen sie entstehen oder unter denen sie präsentiert werden, selbst zum Inhalt machen. Du sprichst ja selbst von der Bedeutung der politischen Arbeiten auf der Straße in den siebziger Jahren für deine Holzskulpturen heute. Dein Anknüpfen an diese kommunikativen Ideen der 70er Jahre deckt sich mit den Vorstellungen jüngerer Kuratoren, die zur Zeit vielerorts genau diese Bezüge in ihren Ausstellungen herausstellen.

[26] Vgl. hierzu u.a. Peter Weibel: Kontext Kunst, Kunst der 90er Jahre. Ausst. Kat. Neue Galerie am Landesmuseum Joanneum Graz; Köln 1994.

EW Aber ich will mal dieses Kommunikative anders besetzen. Ein Beispiel: Über Jahre hinweg habe ich im Mühlengraben, unmittelbar oberhalb der roten Horizontale von Lutz Fritsch, mit Stacheldraht verhindern wollen, daß man die Schneise betritt, weil ich die Schneise als reine Sichtachse verstanden wissen wollte. Ludger Gerdes hat sich darüber immer wieder lustig gemacht, über meine Freiheitsvorstellungen, weil die Leute kanalisiert gehen müßten. Wenn wir jetzt dort diese kleine Treppe eingefügt haben, ist das eine Entscheidung, die auf Ludger Gerdes zurückgeht und weitere Entscheidungen nach sich zog, die Marin Kasimirs Arbeit betreffen. Also die Frage war, wie sich die Treppe auf seine Arbeit auswirkt, die in ihrer Polarität sehr raumbezogen komponiert ist und die Treppe ist ja ein raumerschließendes und -veränderndes Element in unmittelbarer Nachbarschaft. Dieser neue Zugang in die Schneise verwarf alles bis dahin Gedachte und erzeugte nach zehn Jahren endlich eine durch Kim ausgestaltete Querverbindung im oberen Drittel der Schneise. Dort wollten wir bereits früher einmal durch Gloria Friedmann eine Verbindung schaffen zwischen den „Späten Bildern" von Fritz Schwegler und dem „Labyrinth" von Götz Stöckmann. Ich erzähle das nur deshalb, um zu zeigen, wie eine wichtige Veränderung andere nach sich gezogen hat. Das geht also alles zurück auf den Gerdes, auf seine Anregung, eine Binnenstruktur zu entwickeln im Sinne von Trampelpfaden, auf denen man sich verlaufen kann, so daß man nicht nur einem Rundgang folgt.

MB Genau das ist ein wesentlicher Punkt: Anders als z.B. in einem Lehrpfad, wo es häufig gilt, eine systematische Entwicklung in der richtigen Reihenfolge abzuschreiten, wird im ›Tal‹ nicht festgelegt, wie man zu gehen hat.

EW Ja, und was noch hinzukommt: Man lernt sich auch in wunderbarer Weise unterzuordnen. Ich nenne ein Beispiel: Im Umfeld von Demetz' „Haus für August Sander" ist der Ginster immer stärker gekommen.

Und im Mai ist das phantastisch mit diesem Gelb. Da pflegt man dann dieses Zeug und ordnet dem wieder andere Sachen unter. Wir haben dort früher nur Wege gemäht, bis wir die Räume entdeckt haben, die wir geöffnet haben, was natürlich eine Schweinearbeit ist. Oder man geht z.B. abends noch mal hin, um einen Grashaufen wegzunehmen oder noch etwas nachzuschneiden, so wie man ins Atelier geht, um den Strich noch zu machen, den man nur selbst sieht.

Tod und Dauer des Dialogs

JvdB Und trotzdem sind wir bei dem Gedankenkonstrukt von Gottfried Boehm noch nicht weitergekommen. Wir haben uns so ein bißchen da rausgestohlen, glaube ich.

MB Meinst du den Gedanken des Skulpturalen wie Gottfried Boehm ihn vorhin mit diesem „der Zeit entheben" verbunden hat, als er sagte, daß angesichts des Todes hier ›im Tal‹ sich doch eine Struktur zeigt, die in aller Offenheit und mit fließenden Grenzen außerzeitlich, also friedhöfisch wirkt? Das finde ich insbesondere im Bezug auf die letzten Bemerkungen von Erwin interessant. Daß nämlich etwas, was als Fluß konzipiert ist, doch auch Bleibendes konstituieren kann. Deswegen natürlich auch unsere Frage: Wie sieht das hypothetisch aus, wenn der, der es macht, eines Tages nicht mehr dabei ist.

GB Ein zentraler Punkt in unserer Unterhaltung von heute morgen war der, daß das Ideal des Dialoges Kommunikation stiftet, solange man den Dialog aufrecht erhält und diese Stiftung im Grunde nichts ist, was außerhalb des Prozesses irgendeine Sicherheit bietet. Man muß wieder in den Dialog eintreten, wenn man sich dieser Erfahrung vergewissern möchte. Und das Moment von Dauer unter diesen Bedingungen ist Dauer, die der Dialog stiften kann. Wir haben uns vor dem Horizont des Todes gefragt: wozu das Ganze? Warum haust du auf Bäume ein – was für ein Quatsch! Warum machst du das denn, welche Bedürfnisse sind da maßgebend? Dahinter steckt doch vermutlich ein Versuch der ausdrücklichen Todes- und damit Lebensbewältigung.

EW Genau, d.h. ich will auf deine Gedanken versuchen, auch biografisch zu reagieren. Mit dem Tod und der Vergänglichkeit habe ich mich in meinen eigenen Arbeiten letztlich immer auseinandergesetzt. Und im Hinblick auf das ›Tal‹ kommt man ja an einer intensiven Beschäftigung mit Natur, Landschaft und Gärten und deshalb auch gar nicht an dem Thema des Wachsens und Vergehens, des Kommens und Gehens vorbei. Mir ist völlig klar, daß die Gestalt der Anlage sicherlich auch in einer Affinität zu matriarchalischen Formen steht. Ich könnte jetzt, ohne daß das falsch verstanden werden soll, vieles an Ulla festmachen, oder an meinem Mutterbild. Ich könnte auch vom Meer reden, wie ich mich fühle, wenn ich eintauche, wie ich mich in unserem Haus in Acquaviva fühle und all diese Dinge. Oder es gibt diese

Geschichte, daß ich 1978 bei der Ausstellung in Nürnberg gesagt hab: es sei zwar nicht mehr in Mode, aber ich würde gerne mal den Ausdruck Heimat verwenden. Das war damals 1978 völlig inkorrekt, aber ich habe sehr verrückte Erlebnisse, die man Heimatempfinden oder -verbundenheit nennen könnte. Z.B. sind wir 1975 hierher gezogen, ich habe mich auf die Wiese gelegt und alles hat sich um mich herum geschlagen. Und parallel dazu, jetzt kommt das Biographische, sofort das Bild von Marienstatt, wo ich als Schüler das Zisterzienser-Internat besucht habe und nur Heimweh hatte. Dort habe ich mich morgens auf das Heulen am Abend gefreut. Und hab die Bettücher so um mich herum gemacht und das ganz bewußt wie ein Hüllen. Und so gibt es ein paar Sachen, die durchgehen und auch das ›Tal‹ hat mit dem Umhüllt-sein-Wollen und dem In-die-Erde-gehen-Wollen zu tun.

MB Und das sind Beziehungen, die du dann bedenkst und zum Teil visualisierst?

EW Ja. Und ich könnte ebenso über Werkgruppen der späten sechziger Jahre sprechen, von den „Meditationskabinen" mit ihren offenen, dennoch präzise gefügten Formen aus Aluminiumstäben, die den Innenraum in einem offenen Kontakt mit dem Außen ließen. Ich bin sicher, daß das Allein-sein-Wollen und eigentlich nicht können, dieses „zoon politikon" sein müssen, auch auf meine Zeit bei den Zisterziensern, deren Chorgestühle, Kutten, letztlich auf deren gesamten Habitus zurückgeht.

GB Das fügt sich eigentlich alles sehr interessant zusammen mit dem, was wir heute morgen tastend als Gesichtspunkte erkundet haben.

JvdB Ja, dieses Reden über ein Aufgehoben-Sein, ein Geborgen-Sein, diese Sehnsucht nach Umhüllung, das scheint mir auch sehr nahe an den Überlegungen zur Grenze und zur Gestalt des ›Tal's‹.

EW Die Hülle, die ich eigentlich meine, ist auch die, die ich immer im Gasthaus für den Fremden gesehen habe, [27] als ich sehr früh von der gesellschaftlichen Notwendigkeit dieser ‚Sozialstationen' redete, wie von den wirklichen Persönlichkeiten, die Wirte sein müssen, die aber seit Jahrzehnten von Pächtern abgelöst werden.

GB Weil du das Stichwort des Fremden gerade ansprichst, also heute morgen war dieser Begriff in unserem Gespräch von großer Bedeutung und wir haben lange über die Produktivität der Fremdheit geredet. Jetzt erst ist mir auch klar geworden, daß man den Gast eben in der Beherbergung als einen Fremden empfängt, um ihm dann zeitweise eine Heimat zu schaffen. Du mußt als Gastwirtssohn schon eine Erfahrung von der Wichtigkeit und auch der produktiven Kraft von Fremdheit gemacht haben. Eine Erfahrung, was das alles bedeutet, welche Möglichkeiten da drin stecken und daß es überhaupt nicht darum geht, sich umarmen zu wollen, wenn man Kommunikation möchte.

[27]

aus dem TAL

Während in Deutschland Fremde belästigt, angegriffen, geprügelt, in Brand gesteckt und getötet werden, wenden wir uns gegen diejenigen, die mit ihren unmenschlichen Handlungen die Hölle auf Erden veranstalten. Wir wenden uns gegen diejenigen, die offensichtlich nicht einmal über ein Minimum an Geist verfügen, das Achtung vor fremden Menschen entstehen läßt

Die gegenwärtig aufflammende Barbarei bedroht zunehmend die Freiheit jedes Einzelnen, anders zu sein. Brandsätze fliegen gegen Fremde aus dem Ausland, schwelender Haß richtet sich zunehmend auch gegen die Fremden des Inlands: Frauen, Kranke, Intellektuelle, Künstler und Behinderte.

Humanität zeigt sich vor allem im Umgang mit dem Fremden. Seit jeher ist es ein unverzichtbarer Kern der Kunst, alles Hergebrachte, Bekannte und Vertraute in Frage zu stellen. Kunst kann nicht sein ohne das Fremde und sie bedarf der Vielfalt aller Fremden.

Wir erklären daher unsere Solidarität, unser Mitgefühl und unsere Scham gegenüber den fremden Menschen in unserem Land. Und wir werden unsere Arbeit weiterhin fortsetzen gegen den Un-Geist der Fremdenfeindlichkeit, egal ob sie als Rassismus, Faschismus, Nazismus oder in anderer verabscheuungswürdiger Gestalt sich erdreistet, die Würde irgendeines Menschen anzutasten.

Heinz Breloh, Heinrich Brummack, Claus Bury, Michael Deiml, Hanspeter Demetz, Bogomir Ecker, Hannes Forster, Gloria Friedmann, Lutz Fritsch, Ludger Gerdes, Nikolaus Gerhart, Ulf Hegewald, Marin Kasimir, Kazuo Katase, Thomas Lehnerer, Wolfgang Luy, James Reineking, Carola Schnug-Börgerding, Jo Schöpfer, Fritz Schwegler, Götz Stöckmann, Erwin Wortelkamp

5231 Hasselbach-Werkhausen, Westerwald, Tel. 0 26 86 / 604, Fax 81 39

1992

EW Nein, es geht eigentlich darum, den Raum zu schaffen für etwas. Ich habe bei Vorträgen, in denen ich über Kunst reden sollte, nur über Wirtshäuser geredet. Und bei der Verleihung des Staatspreises, habe ich eine Geschichte erzählt von einem der jüngsten Nachkommen in der „Alten Vogtei", der alleine im Wirtshaus war. Da kommt meine Schwägerin aus der Küche und erlebt folgendes: Es kommen Gäste und das dreijährige Kind konnte sich gerade so helfen, indem es fragt: Hier oder da – und zeigt auf verschiedene Räume und Sitzmöglichkeiten. Phantastisch, also kürzer kann man es überhaupt nicht sagen, was da stattfindet, stattfinden kann. Wo sich wer hinsetzt, ob er die Wand im Rücken braucht, ob er die Hülle braucht oder ob er Mut hat, sich frei und im genannten Sinne schutzlos in den Raum zu setzen.

...

Hamm und Hasselbach, den 22. Juni 1998

Joachim **Bandau**
Karl **Bobek**
Heinz **Breloh**
Heinrich **Brummack**
Johannes **Brus**
Kim **Wortelkamp**
Claus **Bury**
Michael **Deiml**
Hanspeter **Demetz**
Bogomir **Ecker**
Gloria **Friedmann**
Lutz **Fritsch**
Hannes **Forster**
Ludger **Gerdes**
Nikolaus **Gerhart**
Ulf **Hegewald**
Paul **Isenrath**
Marin **Kasimir**
Kazuo **Katase**
Thomas **Lehnerer**
Wolfgang **Luy**
Ansgar **Nierhoff**
Norbert **Radermacher**
James **Reineking**
August **Sander**
Carola **Schnug-Börgerding**
Jo **Schöpfer**
Fritz **Schwegler**
Götz **Stöckmann**
Claudia **Terstappen**
Erwin **Wortelkamp**

Madeleine **Dietz**
Ulrike **Hullmann**
Thomas **Kocheisen**
Werner **Fritsch**

Joachim **Bandau**

*1936 in Köln; lebt in Köln und Aachen

Ohne Titel
1997

Höhe 89 cm
Länge der Ausläufer 82 / 88 / 91 / 88 cm
Baustahl ST 37, massiv

Ohne Titel
1997

Höhe 54 cm
Länge der Ausläufer 196 / 300 / 240 / 250 cm
Baustahl ST 37, massiv

ANNÄHERUNGEN
Zu zwei Bodenplastiken Joachim Bandaus

Joachim Bandau plazierte zwei seiner Arbeiten im Norden des ›Tals‹. Fünf geometrisch geschnittene Elemente aus massivem Baustahl bilden jeweils eine pyramidale Struktur aus. Beide Werke sind von geringer Höhe. Mit 89 cm hat die höhere, mit ihrem kleineren Radius kompakter wirkende Arbeit nach menschlichem Maß etwa Hüfthöhe. Die niedrigere, jedoch vom Radius her größere Arbeit umspielt mit 54 cm die Kniehöhe eines Betrachters.

Ihren Ort haben diese Arbeiten links und rechts des Weges, der als alter Gemeindeweg Hasselbach und Werkhausen miteinander verbindet. Das Gelände ist hier offen. Der schweifende Blick eines Spaziergängers kann die 60 m voneinander entfernt situierten Werke bereits vom Weg her, und damit aus der Distanz, ausmachen. Näher heranzutreten, fordert von demjenigen, der dieser nördlichen Wegführung folgt, zu entscheiden, welcher der beiden Arbeiten er sich zunächst zuwendet. Der in der Talsenke liegenden niedrigeren, rechts des Weges, oder der etwas höheren, kompakteren Pyramidalstruktur links. Ihr Standort ist der sanft ansteigende Übergang von Talsenke und Hügelzug. Sich vom Weg her kommend auf eine Arbeit hinzuorientieren heißt, ihr Pendant aus dem Blick zu verlieren und sie isoliert zu betrachten. Erst nachdem man ihren Standort erreicht hat, läßt sich zurückblickend eine Perspektive auf beide Arbeiten gewinnen.

Ganz anderen Zugang erfährt derjenige, der vom östlichen Hang des Geländes auf die Wiesen des Tals hinunterschaut. Solche Perspektive kann beide Arbeiten zugleich in den Blick nehmen, ihre Fernwirkung spielen lassen. Von hier aus scheinen die pyramidalen Strukturen der Bodenplastiken eingelagert in die sanft ansteigenden Wiesen. Sie tendieren dazu, in die Form der Landschaft einzugehen. Nichtsdestotrotz markieren sie deutlich ihre Orte im ausgebreitet vor dem Schauenden liegenden Gelände.

Mit der Fernwirkung zeigt sich eine phänomenale Ambivalenz der Bodenplastiken: Sie nehmen Teil an den Formungen der Landschaft und grenzen sich zugleich aus dieser Landschaft aus.
In ihren Dimensionen nähern sich die Arbeiten dem Boden an. Als pyramidale Strukturen ragen sie zwar aus der Wiese auf, binden aber diese Vertikalität mit ihren seitlich ausgreifenden Armen an die Horizontale des Wiesengrundes zurück. Ihre geometrische Ordnung, die sich dem naturhaften Geländeverlauf der Wiesen entgegensetzt, verwischt in der Fernsicht. Das rostige Rot-Braun des Stahls grenzt jedoch auch aus der Ferne die pyramidalen Strukturen der Bodenplastiken aus dem saftigen Grün der Feuchtwiesen aus. Eingelagert in die Landschaft zeichnen sie sich von ihr ab und beanspruchen die Aufmerksamkeit des Schauenden.

Das ›Tal‹ verändert sich mit den Jahreszeiten. Den Ausgangspunkt hier stiftet ein herbstlicher Blick. Gemähtes Gras im Sommer, die Farben der jahreszeitlichen Blüten ebenso wie der Schnee des Winters oder das stumpfe Ocker abgetauter Wiesen im Frühjahr schaffen je eigene Bedingungen. Bemerkenswert ist, daß es sich bei den assoziierten Bedingungen durchweg um Zustände der Wiese, also des Bodens unter den Werken ebenso wie unter den Füßen des Schauenden handelt. Der landschaftliche Blick perspektiviert sich in der Werkstruktur.

In der Nahsicht, vor den Arbeiten stehend, definiert ihre geringe Höhe den werkorientierten Blick als einen abwärts gerichteten, der immer auch den Erdgrund mitsehen läßt. Jeder Versuch, die Arbeiten als ein vertikales Gegenüber zu erfassen, sich ihnen von ihren Seiten her betrachtend zu nähern, zwingt den Betrachter in die Hockstellung. Lohn solcher Bemühungen sind zwar aufschlußreiche, aber rudimentäre Detailerfassungen. Der Werkkontext erschließt sich im zum Boden gerichteten Blick auf die Stahlplastiken.
Die Anordnung ihrer je fünf massiven Stahlelemente ist vergleichbar. Vier radial ausgreifende Werkstücke bilden eine zur Mitte hin aufsteigende Pyramidalstruktur. Die Basislängen der Radialelemente variieren. In ihrem Kreuzungspunkt sind sie ineinander verzahnt, horizontal und vertikal geführte Aussparungen lassen die Teile paßgenau ineinandergreifen. Ein massiver Hexaeder verschließt, exakt in das Zentrum der radialen Elemente eingelassen, die Schnittstellen dieses Ineinandergreifens dem von oben gerichteten Blick. Wie die einzelnen Elemente miteinander verzahnt sind, läßt sich nur indirekt über die seitlich sichtbaren Fugen nachvollziehen. Demgegenüber offensichtlich weist der im Zentrum lastende Hexaeder die Statik der Pyramidalstrukturen aus.

Das Gewicht der massiven Stahlelemente macht sie für den Betrachter faktisch unverrückbar. Obwohl gerade die Konstruktion aus einzelnen Elementen eine Umordnung der Teile zu implizieren vermag, verweigern sich die Arbeiten auch in ihrer Anschauung einem solchen Zugriff. Paßgenau ineinandergefügt und zentriert verbinden sich die massiven Stahlelemente zu einem in sich ruhenden plastischen Werk. Ein Betrachter kann sich dem Zentrum dieses Werkes annähern, wird aber von dort über die radial ausgreifenden Arme wieder aus diesem Zentrum verwiesen.

Den sich exzentrisch zum Boden neigenden Radialen folgend, wird der werkkonzentrierte Blick des Betrachters abgelenkt: In den Blick kommt das offene Wiesengelände des ›Tals‹. Die Nahsicht der Arbeiten gibt Aufschluß über ihre formale Struktur. Indem man diese jedoch wahrnimmt, weisen die Bodenplastiken den Blick des Betrachters über ihren Ort hinaus. Ihre Werkstruktur überführt den Blick des Betrachters in die Landschaft, aus der er sich, aufmerksam geworden, den Arbeiten annäherte.

Beate Florenz

Karl **Bobek**

*1936 in Berlin; †1992 in Maroth/Westerwald

Dreibeiner
1989/90

176 / 80 / 67 cm
Eisenguß

„Aber es ist verboten, aufzugeben oder auch nur einen Augenblick innezuhalten"[1]

In einer kleinen Tannenschonung am nördlichen Ende des ›Tal's‹ begegnet man dem „Dreibeiner" von Karl Bobek.[2] Er steht auf einer rechteckigen, eigentümlich künstlichen Lichtung, die in das dichtstehende Nadelgehölz hineingeschnitten ist und einen schützenden Innenraum bietet. Die Plastik ist an der Peripherie dieses Ortes positioniert; sie markiert weder einen ausgezeichneten Punkt, noch läßt sie sich auf eine definierte Achse des Platzes beziehen. Ihre Position scheint somit nicht vorbestimmt oder endgültig festgelegt. Man trifft auf die Figur wie auf einen zufällig Vorbeigehenden.

Doch wohin richtet sich der Schritt dieses Gehenden? Er ist auf kein ersichtliches Ziel hin orientiert, führt weder hinein noch hinaus aus der umgebenden Situation: Gehen geschieht hier beziehungslos zur Umgebung.

Aus verändertem Blickwinkel zeigt sich noch deutlicher, daß der Schritt der Figur nicht Gehen als ein Verhalten zum Ort bedeutet. Das Schreiten wandelt sich zum Taumeln, zum Ringen um die Balance. Was zuvor noch wie ein Wanderstab erschien, offenbart sich nun als elementare Stütze, die das gefährdete Gleichgewicht erhält. Wie ein drittes Bein geht der Stab aus dem Körper hervor. Einer gegenständlichen Sicht ist diese Haltung nicht mehr plausibel, und die Figur, die beim Eintritt in die Lichtung noch wie das genrehafte Bild eines Wanderers im Blickfeld aufschien, verliert zunehmend ihre abbildliche Evidenz: der merkwürdige Klumpfuß zerquillt zu einem Brocken Eisen, die Beine erweisen sich als entstellte, verkrüppelte Glieder, die nicht mehr der Logik eines Körperbaus folgen. Und gerade die gegenständlichen Details, wie das Gesicht und die Arme mit ihrem aufgekrempelten Hemd verstärken den Eindruck, daß sich hier ehedem funktionierende Körperlichkeit und Figürlichkeit zunehmend abbaut.

Solcher Eindruck von Zerfall wird noch gesteigert durch die krude zerfurchte und verwitterte Oberfläche des vom Rostfraß durchsetzten Eisens. Der offene, prozessuale Charakter der Form trägt weniger den Eindruck einer expressiven, künstlerischen Herstellungsgebärde, als vielmehr die Anzeichen einer durch Verlust und Zersetzung in ihrer Existenz bedrohten Form. So ist nicht allein das Gleichgewicht und die Balance der Figur gefährdet, sondern mehr noch ihre Substanz überhaupt.

Doch dem Eindruck einer aufgezehrten, „beschädigten Existenz"[3], die taumelnd zu bestehen versucht, steht die kraftvolle Massivität des Oberkörpers entgegen. In den festen Schultern, den aufgekrempelten Ärmeln und der geballten Faust kommt eine seltsame Standhaftigkeit zum Ausdruck, die dem Schritt nach vorne wiederum Nachdruck verleiht. Auch wenn die dürren Beine in einem Mißverhältnis zur Schwere des Oberkörpers stehen, so bleibt die Schrittstellung trotz aller grundsätzlichen Gefährdung vehement, manifestiert sich in ihr der Wille zu gehen. Gerade aber der drohende Substanzverlust scheint der Antrieb dieses ungebrochen willentlichen Drangs nach vorne zu sein: Gehen bedeutet so nicht Fortkommen, sondern Widerstand gegenüber unerbittlich fortschreitendem Zerfall.

Karen van den Berg

1 Samuel Beckett: Molloy. In: Werke III /1, Frankfurt 1976, S. 113.
2 Der „Dreibeiner" von 1989/90 ist die letzte Plastik, die Karl Bobek vor seinem Tod im Januar 1992 fertigstellte.
3 Karlheinz Nowald über Karl Bobeks „Dreibeiner". In: Ansichten von Figur in der Moderne. Ausst. Kat. Heilbronn 1991, S. 30.

Heinz **Breloh**

*1936 in Hilden; lebt in Köln

Der Bildhauer im Fluß

1990

25 / 35 / 70 cm
Bronze, Wasser

Das Unmerkliche und das Deutliche

Die Landschaft ist weit und breit gleich. Und doch verschieden, überall. Nicht zu sagen was man sieht, bis eine Einzelheit unter dem Vielen für einen Moment ‚einzig' wird. Unversehens ist etwas in den Blick gekommen. Eine Skulptur in einem Bach; „Der Bildhauer im Fluß", wie es heißt.
Es gilt die doppelte Belastung des Wortes: im Wasser sein, und in der Bewegung sein. Die Skulptur, die der Bildhauer Heinz Breloh an eine unmerkliche Stelle in den schmalen Wasserlauf im Hasselbach-Werkhausener ›Tal‹ plaziert hat, schafft einen ‚kleinen' Ort und macht diesen ‚groß'. Es ist der Ort einer Entdeckung; denn diese Skulptur drängt sich wahrlich nicht auf. Es ist ein Ort der Besinnung; weil die Augen sich in der Rätselhaftigkeit dieses plastischen Gebildes verlieren wie in der Kindheit einmal im Strudel eines Flusses.
Die Skulptur, ein „Körper" aus Wülsten, der waagerecht daliegt (wie eine Hülle, wie ein Gefäß, wie ein zerborstener Brustkorb, wie eine erstarrte Bewegungsspirale, wie eine Spur Tod), unten und oben offen, hebt sich während des Schauens offenbar allmählich empor. Umspült, durchspült vom Wasser; so daß von Starre überhaupt keine Rede sein kann. Das Wasser bewegt sich in stetigem Gleichmaß, und die Skulptur schafft einen ‚Ort der Ruhe'. Unmerklich ist man in die Stille hineingewachsen, die Gräser am Ufer, die Kiesel im Bachbett, das dauernde Geräusch des plätschernden Wassers, das gleich hinter der Skulptur entsteht, fast als komme es aus der Skulptur selbst. Eine neue Stille hat sich eingestellt. Die Stille der Landschaft ist in der Stille der Skulptur aufgehoben.

Das Hören und das Schauen verweben sich angesichts dieser geheimnisvollen Gestalt, die aus dem Wasser ragt, manchmal mehr, manchmal weniger, je nachdem ob es viel oder weniger geregnet hat. So schmiegt sich die Kunst sanft in die Natur hinein, und die Skulptur von Heinz Breloh wird ein Pol von überraschender Besänftigung. Die Ruhe, die entsteht, wächst aus der Berührung von Skulptur und Landschaft, indem die Skulptur (plötzlich) mit der gleichen Selbstverständlichkeit vorhanden ist wie die Gräser, die Steine, das Wasser, das Erdreich.
Mit dem Licht der Stunde und mit der Tagesform des Betrachters und mit dem Wechsel der Jahreszeiten ändert sich der Blick auf die Skulptur. Schließlich: man sieht nie zweimal die gleiche Skulptur, so wie man nie zweimal in den gleichen Fluß steigt.

Der Bildhauer in der Mittagsonne

1991

Glasgehäuse 225 / 158 / 158 cm
Gips 180 / 150 / 150 cm
Glas, Eisen verzinkt, Festgips

Man fragt sich: wie muß denn eine Kunst aussehen, die auf die Natur verweist, ihre Kräfte, ihr Wachstum, ihren Prozeß von Gestaltwerdung, Gestaltbrechung, Verwandlung? Eine große Gipsskulptur in einem Glaskasten, die zwischen dünnen Birken beim Anstieg auf einen Hügel wie ein Rätsel plötzlich auftaucht, macht die Erfahrung von ‚Natur' auf verschwiegene Weise sichtbar. Als ein schwerer, verschlungener Klumpen Leben hebt sich Heinz Brelohs Skulptur aus der Landschaft heraus, nicht gegenständlich und auch nicht abstrakt, oder aber beides in einem. Der weiße Gips leuchtet, als wäre er wirklich bis zur Unwirklichkeit, in jeder Hinsicht körperlich, in einer Wucht, die ebenso zart wie gewalttätig ist.

Ein Paradox: was aufs Äußerste unwirklich erscheint, verweist doch gerade darin aufs Wirkliche, auf Wirklichkeit. Diese Wirklichkeit ist (immer) plastisch. Sie entwickelt sich in groben und feinen Formen, die mit Geduld und Hast, Vorsicht und Verwegenheit gebaut sind, Stück um Stück, so wie der Gips in der Skulptur von Breloh in vielen Übergängen von flüssig zu hart geschichtet, gedrückt und verwoben wurde. Worauf man schaut, ist ein sehr kompliziertes Gebilde aus Schwüngen und Schleifen und Wülsten, eine Silhouette von Bewegungen, der Hauch eines Torsos, das Schema eines Körpers. Man muß um die Skulptur herumgehen, um sich in sie hineinzuverwandeln und ihr in sich ruhendes Maß, der Größe des Bildhauers entsprechend, zu verstehen. Man entdeckt darin ein Auf und Ab von Bewegungen, eine Bahn der Beine, einen Kreislauf vielleicht, ein mehr oder weniger mühsames Durch-Material-Hindurchwühlen. So die Skulptur, so das Leben.

Die zweite Erfahrung lautet: daß sich die Wirklichkeit entzieht, das Prinzip der Bewegung und Verwandlung, das ‚Mächtige' und ‚Zerbrechliche' des Materials und des Körperlichen. Der Glaskasten, der um die Skulptur von Heinz Breloh gebaut ist, geht weit über seine den Gips schützende Funktion hinaus. Er konstruiert einen Raum, und dieser Raum erzeugt einen Moment größter Verdichtung und Präsenz des darin Eingeschlossenen. Ganz nah erscheint einem dieses Gewülst mit seinen Verschlingungen und Furchen, daß man es berühren und sogar hineinkriechen möchte. Doch der Glaskasten hält einen ab; er demonstriert eine grundsätzliche Entfernung. Indem man aufs Äußerste dicht an das Plastische (an das Leben) heranrückt, bewahrt (oder bekommt) es etwas Unnahbares, und letztendlich entsteht daraus die Ahnung, daß die Einsicht in die Natur, in das Leben nie näher, nie ganz zu haben ist. Diese Distanz (zur gelebten Erfahrung, zum Geheimnis) ist offenbar grundlegend: für die Kunst, fürs Leben.

Heinz Brelohs Skulptur schafft in der Mitte des Hügels einen stillen „heiligen" Ort, indem er das ganze Gewicht der „profanen" plastischen Wirklichkeit herausstellt. Es gilt, was Giacometti einmal sagte, daß, wenn man die Bildhauerei ein wenig besser verstehen möchte, man sich auf die Dinge konzentrieren muß, die auf keine andere Art gesagt werden können. Und genau das tut Heinz Breloh. Seine Skulptur hebt sich „mächtig" über sie hinaus, um in sie hinein zu verweisen, in der Mittagssonne wie im Abendlicht. Ponge schrieb über Skulpturen einmal von einer „Natur des siebenten Tages" und von einer „Natur des zweiten Grades". „Wenn die Natur kreist, so schert sie sich den Teufel um unsere Zustimmung. So scheint es uns zumindest. Und dies ist auch der Grund, warum wir ihre Schöpfungen am siebenten Tag so bewundern, wenn sie ruht und uns nur noch wie eine Ausstellung erscheint: darin kommen die Werke unserem Geschmack nicht entgegen, sie tun offenbar etwas dazu, was wir verdauen müssen. Das genügt für die Woche, denken wir. Aber am Montag geht es wieder los. Die Schöpfung, die nicht in sechs Tagen vollendet ist, geht weiter. Und doch hält diese Gleichgültigkeit der Natur uns gegenüber dem Nachdenken nicht stand. Denn schließlich zeigt sie bei ihrer Schöpfung ein solches Interesse, uns mit hereinzuziehen (und zu halten), daß sie uns allmählich in Bewunderer, in Abhängige verwandelt; bis wir nichts mehr sind als Münder, die ihren Ruhm verkünden!"

Jürgen Kisters

Heinrich **Brummack**

*1936 in Treihofen; lebt in Westerkappeln und Köln

Ort der Harmonie

1986/89

Platz, ellipsenförmig / 250 m²
Tor 320 / 450 / 95 cm
Tisch 200 / 200 / 16 cm
Hocker 45 / 40 cm
Grauwacke, Carrara-Marmor, sardischer Granit, Ziegel, Strauchwerk und Hecke

Ort zum Verweilen

Eine Gartenskulptur von Heinrich Brummack

Die Absicht des Bildhauers war es, eine Gartenskulptur ›im Tal‹ zu errichten – eine landschaftliche Skulptur im traditionellen Sinne an einem Ort, wo aber noch gar kein Garten vorhanden war. Der Bildhauer nennt Vorbilder in der Romantik, immer wieder im Manierismus, vor allem auch bei Gaudi. Ein Ort zum Verweilen, ein Ort der Beschaulichkeit, wenn nicht gar der Lustbarkeit, sollte es werden – und das ist ein klassisches Thema der Gartenskulptur. Aber was für ein Ort war es, was für ein Platz, den der Plastiker zu Beginn seiner Arbeit vorfand?

Der Westerwald ist keine liebliche Gegend. Ein entlegener Ort ist dieses ›Tal‹ zwar, abgeschieden, aber eben nicht der klassische locus amoenus; die Landschaft bleibt bestimmt durch das, was das Land schafft, vor allem nämlich Weideflächen der Landwirtschaft.

Als ich ins ›Tal‹ kam, habe ich zunächst mit Verwunderung angenommen, daß die Arbeiten der Künstler sehr weit voneinander entfernt plaziert seien. Im Nachhinein habe ich jetzt in der Erinnerung den Eindruck gewonnen:

den Arbeiten ist angenehm viel Platz voneinander gegeben, sie bedrängen einander nicht. Der Betrachter braucht daher auch genügend Zeit und ist zu intensivem Sehen angehalten, auch die Zuordnung der verschiedenen Künstlerarbeiten zu erfahren, vor allem die unterschiedlichen Bezugnahmen auf Dinge und Geräte in der Gegend: auf Abgrenzungen, insbesondere durch Zaunpfähle in den Wiesen, auf Weggabelungen und Waldschneisen, Bodenvertiefungen und -erhebungen, schließlich die Zuordnung zu Viehunterständen oder Heuhütten, mit denen Künstler teils konkurrieren und deren Konstellation sie kommentieren konnten. Heinrich Brummack hatte bei Arbeitsbeginn sein Konzept offengelassen, das er dann im Lauf der Zeit rationalisierte und „re-konstruierte". Er wollte Landschaftszeichen setzen, einen Platz markieren, eine Insel in der Gegend mit Inhalten versehen.

Bestimmtheit und Unbestimmtheit der Gegend sind von Interesse, was sich dort bereits befindet, die Pflanzen, die Areale, die Besitztümer, die Geschichte der Orte und der Leute, die dort ansässig sind. Auf der Fahrt ins ›Tal‹ kommt man durch kleine Ortschaften mit der schrecklichen öffentlichen Ikonographie von Reklame und Design – da es sie nun mal gibt, hat der Zeitgenosse mit ihr fertigzuwerden, auch der Bildhauer kann nicht einfach darüber hinwegsehen. Brummack denkt da an Nicolas Poussin – „die Landschaft soll geheilt, regeneriert werden. Und man muß dazu eine andere ikonographische Sprache entwickeln". Der Ort sollte definiert werden

durch einen quadratischen Tisch, zylindrische Sitze aus Granit und die steinerne Begrenzung des Platzes darinnen, vor allem ein Portal – das hat Heinrich Brummack aus Marmorfindlingen errichtet, sie stammen aus einem Fluß bei Carrara, er hat sie zu zwei Säulen zusammengemauert. „Die Säulen erinnern von fern an Schneemänner. Ich habe ‚weiche' Formen erstellt, denen harte entgegengesetzt werden mußten".

Die Säulen hat Brummack verbunden, einen Giebel aus Aluminium aufgesetzt. Daß die Giebelteile beweglich sind, weiß aber der Betrachter zunächst nicht – man könnte es vermuten, da die Teile mit einer Kette verknüpft wurden. Hier ist der Giebel Fragment geblieben, erinnert an ein Gerüst, die Unterbrechung des Giebels läßt ihn vorläufig erscheinen. Die beiden Schrägen sind beweglich gelassen. Im Moment ist der Giebel nach der anderen Seite gedreht und scheint sich zu neigen. An dieser Kette hängen einige künstliche Blüten, die auf die Büsche und Bäume in der Umgebung verweisen.

Mit den Säulen aus rundgeschliffenen Flußsteinen nimmt Brummack Bezug auf die Tradition von gemauerten, auch gedrehten Säulen, die es neben gehauenen Säulen gibt, vor allem in Italien und insbesondere im späten Manierismus, in den Boboli-Gärten, in der Villa d'Este. Für Säulen verwendete man Kombinationen heterogener Materialien, teils von der Natur Geformtes oder künstliches Material wie Glas, darunter auch Spiegel…

Die Arbeit dauerte über drei Jahre; die Basis wurde wieder und wieder anders definiert, auch das Thema einige Male von neuem formuliert. Zunächst mußte der für die Arbeit vorgesehene Platz befestigt und fundiert werden, eine Standfläche mußte geschaffen und für Begehbarkeit mußte gesorgt werden. Die Stelle war so feucht gewesen – „da konnte man einen Besenstiel in den Boden stecken, der wäre gleich grün geworden, hätte Wurzeln geschlagen, Blätter wären gewachsen".

Abgesehen vom neu geschaffenen Untergrund und einem kleinen Wall aus Steinen wird die Stelle nun vor allem durch die Vegetation bestimmt: Eingrenzung und Umgrenzung, nach innen und gegen außen. Hecken mar-

kieren ein Oval, und die verändern sich immer weiter. Der Bewuchs wird in zehn Jahren die vorgesehene Höhe und Dichte erreicht haben, wenn die Bäume und Sträucher die nötige Höhe erreicht haben, dann erst wird der Ort die endgültige Gestalt annehmen.

Heinrich Brummack macht Einwände gegen Skulpturenparks: Er wollte nicht bloß eine Skulptur hinstellen. „Es gibt Kollegen, die ihre Inhalte aus der Werkstatt in die Galerie tragen und sie dann in gleicher Weise in die Landschaft bringen." Ein Lieblingswort des Künstlers: „Die Landschaft darf man nicht nur als Parkplatz für Skulpturen benutzen! Wenn ich eine Skulptur mache, dann immer für den Ort, wo sie hingehört, wo sie ihren Platz hat und auf Dauer behalten soll."

Mit seiner Arbeit bietet der Bildhauer eine Kombination von heterogenen, ziemlich befremdlichen Formen. Ansammlung und Aufbau erbringen indes Zuordnungen und wechselseitigen Kommentar. Die Widersprüche der Materialien und Formen ergeben sich aus Techniken von Montage und Assemblage – zudem resultieren sie aus der unterschiedlichen Bezugnahme auf die Geschichte der Säulenformen, aus Verweisungen, aus Verbindungen und Verknüpfungen von Differenzen in historischen Vorbildern.

„Die Arbeiten werden durch die Veränderung der Vegetation, der Wege ‚von außen' bestimmt. Bestimmungen durch die Umgebung – wenn ich andererseits Skulptur in die Landschaft stelle, verändert sich der Ort."

Platz, Raum und Stelle, der Ort und seine Umgebung – die ganze Gegend ist ja kultiviert, hier gibt es ja keine Natur mehr, in die der Mensch nicht eingegriffen hat. Wie gehen wir mit der Landschaft um? Landschaft existiert kaum mehr; sie ist zerstört, zersiedelt. In die letzten schönen Ecken setzen wir dann auch noch ein paar Fremdkörper hinein, Plastiken, Skulpturen, „Objekte".

Zwischen den Bildhauern, den Plastikern oder Objektebauern der jüngeren Generation und den älteren Formalisten und Puristen gibt's einen Bruch, vor allem, was die Inhalte bei den Jüngeren angeht. Das Reduzieren in Plastik und Skulptur hält Heinrich Brummack für ausgereizt. „Die Jüngeren stehen mir wegen ihrer Thematik und Ikonographie näher, die erzählen Geschichten."

Ein Nebeneinander von zeitgemäßer Inhaltlichkeit, Geschichtsbezug und Herausfallen aus der Zeit läßt sich bei Heinrich Brummack feststellen, ein Nebeneinander des Kleinen und des Großen, der Künstlichkeit und des Natürlichen, des Anwesenden und des Abwesenden, des hoch Aktuellen und zugleich auch des Abseitigen. Der Bildhauer vermittelt mitunter den Eindruck von Naivität – aber gut gespielt.
Seit ich seine Arbeiten kenne, ist für mich die Sentimentalität Brummacks herzlich anrührend. „Wir binden Dir den Jungfernkranz" haben Kollegen lästerlich gegen die Girlande am Portal eingewendet. Man distanziert sich, denn man hat Scheu oder Angst vorm Sentimentalen und Naiven; und so retten sich viele in die Ironie, als bliebe der Betrachter ganz kühl, wenn Kitsch zitiert wird – zugleich genießt er ihn aber insgeheim. Brummacks Erfahrung: Ironie versteht das Publikum kaum, es nimmt sie allzu oft für bare Münze und wird nicht selten aggressiv Inzwischen hat aber die öffentliche Ikonographie von „Gestaltung" in Werbung, Gebrauchsgütern und Massenkommunikation die Kunst eingeholt – und Distanz ist nun aufgehoben.

Ironie und Anachronismus als Aspekte von Stilistik und Rhetorik sind die eine Seite – Bezugnahme auf Historie ist die andere. Brummack zitiert aus der Geschichte der Bildhauerei. Eine Vielzahl historischer Themen und Formen werden heute gar nicht mehr bearbeitet – aufgeben, vergessen wie die von Brummack aufgegriffenen Gartenskulpturen vor allem, oder die Themen und Formen von Laube, Brücke und Grotte.

Zeitgemäße Denkmäler wären gefragt, rituelle Skulpturen. Gute Bildhauerei für den Sakralbereich gebe es ja kaum mehr, oder Plastiken, die ein Teil der Architektur sind. „Aber bloß keine Kunst am Bau!" sagt Brummack. Tempel oder Zäune wären gefragt – und eben Portale, ein typisches klassisches Thema. Ein Tor, einen Zugang zu einem Stadtteil – signifikante Stadtzeichen sind selten geworden. Und Portale dienten nicht bloß für den Einzug eines Fürsten. ... Das Portal als Grenzanzeiger könnte heute eine veränderte Funktion erfüllen und eine neue Bedeutung aufweisen. Portale dienen etwa für einen Eingang in ein öffentliches Gebäude, zu einem abgeschlossenen öffentlichen Raum oder Ort, sie markieren den Durchgang zwischen Straßen...

Aber wozu wird hier ein Portal in den Westerwald gestellt? Brummacks Arbeiten enthalten einen gut Teil Widerspruch in sich. Und es fragt sich auch: Wogegen wird Widerspruch eingelegt? Nichtentsprechung ist oftmals Bestandteil des Konzepts von Brummack. Seine Arbeiten geben den Leuten Gelegenheit, die Erfahrungen, ihre Erlebnisse und ihre Geschichten an die Plastik heranzutragen, die eigenen Kontexte anzuschließen. Brummack legt den Leuten nahe, an diesem Ort zu verweilen und in der Beschaulichkeit weiter zu phantasieren.

S.D. Sauerbier

Johannes **Brus**

*1942 in Gelsenkirchen-Buer; lebt in Essen-Kettwig

Ohne Titel

1997

Großes Pferd 130–158 / 200 / 60–100 cm
Betonguß weiß

Kleines Pferd aus Gips 26 / 37 / 17 cm
Betonsockel 92 / 25 / 50 cm
Glashaube 43 / 25 / 50 cm

Kim **Wortelkamp**

*1970 in Frankenthal; lebt in Leipzig

1997

Hainbuchenhecke (Carpinus Betulus)
190 / 50 / 750 cm

Wegraum 160–300 / 1410 cm
Hainbuchenhecken
160 / 30 / 850 cm; 160 / 30 / 560 cm
Eisenstufe 20 / 355 / 1,2 cm

Weg, oberflächengleich gefaßt mit einem doppelten Randstein (16,5 cm), Beton
Mähweg 100 / 10500 cm
3 Solitärbäume
Kanadische Roteiche (Quercus Rubra)

Bewältigung der Natur

Zu einer Arbeit von Johannes Brus
und der Landschaftsgestaltung Kim Wortelkamps

Verläßt man das kleine Waldstück mit seinen Skulpturen in Richtung Nordosten, in Richtung des Ortes Leingen, wählt man den Weg zur Arbeit von Claus Bury, geht an ihr vorbei den leichten Hügel hinauf, so begegnet man auf halbem Weg einer lebensgroßen Tierplastik. Man trifft auf ein weißes Pferd in Betonguß, das in seinem abbildlichen Realismus etwas brüskierend wirkt. Seine Wendung des Kopfes und die angedeutete Bewegungsaufnahme des linken Hinterbeins lassen es wie aufgeschreckt erscheinen.

Läßt man nach einiger Betrachtung das Pferd stehen, folgt man dem Pfad den Hügel weiter hinauf, wird der eigene Weg abgelenkt durch ein in den Boden eingelassenes Steinband, das einen nach links zieht. Folgt man dem Steinband zunächst mit dem Blick, bemerkt man nicht nur seinen hügelparallelen Verlauf, sondern auch seinen Wegcharakter: In seiner Fußbreite fordert es auf, ihm zu folgen. Es markiert nicht nur, sondern weist ebenso den Weg. Diesen Wegcharakter entwickelt es auch, wenn man an den Arbeiten Erwin Wortelkamps vorbei, aus der anderen Richtung kommend, den Hügel hinauf geht. Auch hier markiert das Steinband einen Weg, der einen in seine Richtung zieht.

Folgt man dem Steinband von der Seite des ersten Weges, sieht man zunächst in einiger Entfernung einen halbhohen Sockel, der ein kleineres weißes Gebilde trägt. Man erreicht es über eine leichte Stufe, eine eisenabgesteckte Grasfläche, die diese Stelle noch einmal hervorhebt. Der Sockel nun trägt ein weißes Gipspferd in Bozzettogröße, das von einem Glaskasten umgeben ist. Die noch lichte Hecke, die diese Pferdestele zum Tal hin abgrenzt und die sich nach links ein Stück wegparallel fortsetzt, erlaubt noch den Blick auf das weiße Pferd des Hinweges: Beide scheinen sich in maßstäblicher Differenz zu gleichen.

Dieser Blick, der, wenn die Hecke dichter geworden ist, mehr auf die Erinnerung angewiesen sein wird, setzt ein Spiel der Beziehung zwischen Pferdestele und Pferdeplastik in Gang. Er fragt im Vergleich zwischen beiden nach dem Verhältnis von Entwurf und Ausführung, macht die Pferdestele als Modell der Pferdeplastik thematisch. Die Art der Präsentation, insbesondere der Pferdestele, gibt diesem Beziehungsspiel dabei einen eigenen Akzent. So spielt die ausgrenzende Markierung des Steinbandes, die zugleich Wegeinladung und Abgrenzung gegen den Hügel ist, die Stufe, auf die die Pferdestele gesetzt ist, zusammen mit der Gestaltung der Pferdestele als einer Sockelplastik auf die innere Gestalt eines griechischen Tempels an.

Dieser beherbergt in seinem Inneren ein Kultbild der mit ihm verehrten Gottheit. Dieses Kultbild steht in einem unzugänglichen Raum, der wiederum Teil einer langrechteckigen Halle, dem Hauptraum des Tempels, ist. Bei aufwendig ausgestatteten Tempeln wird dieser Hauptraum von einem Säulenkranz umgeben. Seiner Funktion nach ist der Tempel daraufhin angelegt, dem Kultbild eine würdige Umrahmung zu geben: Er ist Herberge des Kultbildes. Im Kultbild selbst wird die Gottheit anwesend, sie wohnt in ihrem Bild. Das Wohnen umschreibt dabei die besondere Art ihrer Anwesenheit:

Das Kultbild leistet eine Art Repräsentation, eine Form darstellenden Daseins. Es bietet der Gottheit einen Ort, an dem sie gegenwärtig wird. In dieser Leistung des Kultbildes wird der Tempel zu einem besonderen Bezirk, der sich als ein sakraler Bereich gegenüber seiner Umgebung abgrenzt. Das, was vor dem Heiligtum liegt, ist die profane Welt.
Diese Anspielung auf die innere Gestalt eines griechischen Tempels ist nun nicht wortwörtlich einzulösen, wohl aber kann sie die Konstellation zwischen Pferdeplastik und Pferdestele bereichern. In diesem Sinne gehört die Pferdeplastik, wie sie einem den Weg den Hügel hinauf begegnete, zum Bereich des Profanen. In ihrem etwas brüskierenden Realismus ist sie charakterisiert durch ein großes Maß an Profanität. In dieser Weltlichkeit stellen sich schnell auch erzählerische Kontexte ein, die die Pferdeplastik zum Anlaß situativer Assoziationen oder persönlicher Erinnerungen werden läßt. Sie weist damit von sich selbst weg, geht im erzählerischen Kontext auf, ist gerade nicht als sie selbst gemeint. In ihrem abbildlichen Realismus ist die Pferdeplastik darin mehr Zeichen als Bild.

Dieses gilt nicht für die Pferdestele. In ihrer besonderen Präsentation gewinnt sie die Form eines darstellenden Daseins. Gegenwart gewinnt mit ihr aber nicht ein bestimmtes Pferd, sondern ein ganzer kultureller Horizont wird aufgerufen. Er ist gleichsam in die Pferdestele gesammelt. Die Dimensionen dieses Horizontes umspielen dabei die Möglichkeiten von Kunst: Sie reichen von der frühen kultischen Verehrung des Pferdes, wie sie in

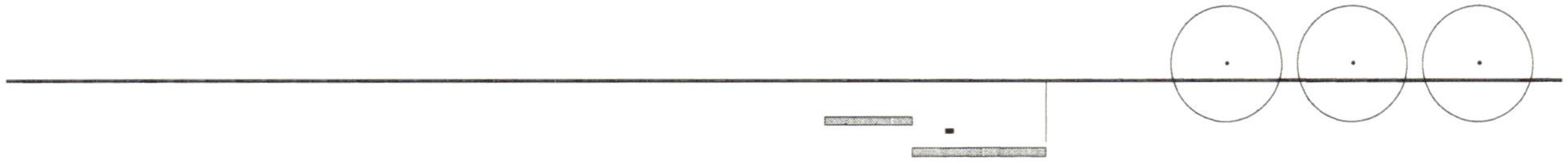

den Höhlenmalereien von Lascaux bewahrt geblieben sind, bis zu den Pferdemodellen von Edgar Degas, die in der Auseinandersetzung mit der Photographie die gestalterischen Valenzen der Plastik neu erkunden. Die Pferdestele ruft damit einen Horizont auf, der gerade nicht von der besonderen Art ihrer Erscheinung absehen läßt. Sie bringt ihn in sich gesammelt zur Darstellung, gibt ihm einen Ort, an dem er Gegenwart gewinnt. Darin ist die Pferdestele vor allem Bild.

Pferdeplastik und Pferdestele machen ihre Beziehung an einem Gegenstand zum Thema, dem Pferd, das in kulturhistorischer Perspektive beständig die Grenze zwischen Natur und Kultur umspielt. Das Pferd steht zwischen Wildtier und Haustier, zwischen Naturtier und Kulturtier. Pferdeplastik und Pferdestele zeigen dieses: Zum einen in der angedeuteten aufgeschreckten Bewegung, die im Fluchtinstinkt des Pferdes sein natürliches Verhalten bündelt, zum anderen im kupierten Schweif, der, mit welchem Beigeschmack auch immer, die menschliche Kultivierungsleistung im Umgang mit dem Pferd pointiert. Das Pferd wird dabei in dem Maße zum Kulturtier, in dem es gelingt, seine natürlichen Eigenschaften in einen Kanon kulturell nutzbaren Verhaltens zu transformieren. Wie sehr dabei das Pferd ein Naturtier ist, wird darin deutlich, daß dieser Vorgang als Zähmung verstanden wird. Er leistet die Umwandlung natürlichen Verhaltens in kulturelle Qualitäten.

Diese Stellung des Pferdes zwischen Natur und Kultur trägt das Pferd als Dargestelltes auch in seine Darstellung. In der Pferdeplastik und der Pferdestele wird sie faßbar als Spannung zwischen Material und Sinn. Pferdeplastik und Pferdestele umspielen auf je eigene Weise das Verhältnis von Materialbewältigung und Sinnstiftung. So ist die Pferdeplastik in ihrem Realismus charakterisiert durch eine Überformung des Materials. Es ist vollständig funktionalisiert zu einer abbildlichen Form, die als Darstellung zurücktritt. Der Gegenstand, das Pferd, ist hier das Gemeinte. Die Pferdestele dagegen ist nicht einfach nur maßstäblich verkleinert, sondern diese Verkleinerung ermöglicht einerseits die besondere, anspielungsreiche Art der Präsentation, sie bewirkt andererseits ebenso eine Verundeutlichung der plastischen Gestaltung, die gerade diesen weiten Sinnspielraum eröffnen kann. Es gibt bei der Pferdestele, ganz im Gegensatz zur Pferdeplastik, einen ästhetischen Rest an Undeutlichkeit, an offener Gestaltung und an fremdem

Kontext, der gerade nicht von der Pferdestele absehen läßt. Die Spannung zwischen Material und Sinn, zwischen naturalen und kulturalen Momenten, läßt sich nur am Werk selbst einlösen. Kunst, so machen es hier Pferdeplastik und Pferdestele im Bezug aufeinander thematisch, bewältigt die Natur zu Sinn, allerdings nur insofern sie die Natur in sich selbst zur Geltung bringt.

Verläßt man nach einiger Betrachtung die Pferdestele und geht den Hügel wieder hinab, so erkennt man rückblickend, wie sich drei einzeln entlang des Steinbandes stehende Bäume in Werk und Landschaft einfügen. Sie markieren sichtbar einen Ort und bilden zugleich in ihrer Folge eine Grenze. Darin gestalten sie die Landschaft, begrenzen das Tal an dieser Stelle hügelseitig. Die Bäume umspielen darin auf ihre Weise auch die Grenze zwischen Natur und Kultur: Sie schaffen einen Sinnzusammenhang, der in der künstlerischen Gestaltung die vegetative und geographische Kontingenz des Talausschnittes als Landschaft sichtbar macht.

Claus Volkenandt

Claus **Bury**

*1946 in Meerholz; lebt in Frankfurt am Main

Haus des Hasselbacher Reiters

1987/88

800 / 600 / 500 cm

Holzkonstruktion

Kleine Phantasie für Claus Bury

Beritten kam die Kunst ins ›Tal‹. – Bury aus dem Hanauerland. Schwer gesattelt sein Rappe, Sägen, Bohrer, Hammerzeug drückten den Gaul. Brockhaus, auf Rädern und zweispännig, zog es vom Rheinischen her. Fritsch und Nierhoff waren, wo sie aufgebrochen, knapp hinter Köln vom Eis gepresst. Ein Packesel, getürmt mit allerlei Eisernem, ging ihnen in Schnee und Nebel für kurz verloren. So ohne Barmen waren die Winter dereinst. Den Bart im Rauhreif war auch Demetz unterwegs. Sein süd-tirolischer Schimmel ward vom Blitz getroffen, halbenwegs gen München. Dort schloß er sich, Flüche auf den Lippen und verspätet, Gerhart und Lehnerer an, die mit einem braunen Reisepferd aushalfen. Dreimal wurden sie geplündert auf der Strecke vom Süden zum Westerwald. Unsichere Gegenden, rauhe Zeiten. Nichts anderes hatten sie alle erwartet. „Unglück reit mich, wo ich hin ker" riefen Deiml und Forster, verirrt im Siebengebirg. Gehetzt und schon in gehöriger Nacht trafen die Schwaben an einem Wegekreuz auf Brummack und Reineking, die sie kannten. Die Kölnischen – hinterm Dom werde wieder gehenkt, erzählten sie auf dem weiteren Ritt – stellten als letzte ihre Pferde in die Stallungen. Gegen Morgen lagen alle im Stroh umd es ward still in Wortelkamps Herberge.

Anderntags früh kräuselte dünner Rauch aus dem Schlot des Schulhauses im ›Tal‹. Manchmal zog auch Funkenflug in die Lüfte: als wäre das Haus noch durchglüht von den heftigen Feuern der Inspiration, von den Geistesblitzen im guten Dutzend, welche die mehreren Herren, Künstler und Werkleute am Schönen, ihrem spiritus rector und der so klugen wie liebreizenden Hausherrin bis in eine tiefe, wahrlich angeregte Nacht vordisputiert hatten. Ein hochfliegend Projekt hatte sie her- und umgetrieben. Wie ihre Künste, von deren sittigender Kraft sie sämtlich durchdrungen waren und überzeugt, der Natur zu vermählen seien; doch so, daß die Kunst vor der Natur sich nicht schämen sollte. Dies war die Aufgabe des Treffens von Hasselbach.

Wohlan ins ›Tal‹, rief Wortelkamp, nachdem das letzte Frühstücksmaul gewischt war. Jedem sollte, auf erstem Rundgang, von Senken und Hügeln, Bächen und Auen, Hecken und Röhricht, Fels und Baum und jeglicher Mischung, die begrifflichste Anschauung zuteil kommen. Und vielleicht gar, hoffte Wortelkamp, ein Ungeduldiger, würden schon Plätze erkoren und amöne Örter gefunden, woselbst die collegae in artibus ihre Wegzeichen und Votivbilder in die Natur, die diesen hellgrauen Nachmittag, leicht überschneit, sich plastisch darbot, möchten setzen wollen. Bei diesen Gedanken hatte Wortelkamp den Bury, der es nicht merkte, scharf im Blick. Der rief, wie auf Kommando, eine leichte Erhebung vor Augen: „Dorthin, fürs ›Tal‹, bau ich einen Pferdestall!" –

Alle wußten, warum der Hanauer ihnen so praktisch kam. Hatten sie doch nächtens die gepferchten Gäule treten und kollern gehört; denen mußte schnell eine Bleibe her. Noch länger wäre schließlich der berittenen Künstler Aufenthalt im ›Tal‹. Schon hatte Wortelkamp ein kleines Kiefernwäldchen im Blick und die nötigen Äxte und Sägen im Sinn, gab jeder das Seine krittelnd oder zustimmend dazu. Bury aber, den Kopf schon voller Grundrisse, Hochbalken und Pfetten, hielt mitten im Lauf zum Bauplatz jäh inne. Knapp dahinter, unter einem dichten Vorhang aus Efeu, trat ein Gebäunis in Erscheinung, das er in einer Vision eben auf den Platz gestellt hatte. Nun sahen es auch die anderen durch den grünen Mantel der Natur. Ein Holzhaus, getreppt und getürmt, mehr verschlossen als offen, zwei Stege stützten die Stirnseiten noch einmal ab: aus anderer Kultur dahergesetzt, aber wann? Sie schlugen es frei, rissen sich die Nägel ab. Dann war allen klar, Bury als erstem: sie alle waren schon einmal hier gewesen, vor Jahrhunderten. Bury holte den Rappen, stapfte durch den neuen Schnee und führte den Gaul an einen pferdekopfhohen Balken in dem Stalle, den er (er?) vielleicht vor dreihundert Jahren hier errichtet hatte. Der Pferdebiß an der alten Nagespur paßte.

In der folgenden, ganz aufgescheuchten Nacht hörte der Wortelkamp seine schon schläfrige Frau sagen, wie schön es doch sei, daß niemand zu ergründen wisse, wo die Natur aufhöre, Kunst und Handwerk aber anfingen.

Gestern wird sein, was morgen gewesen ist. Doch ist dies schon wieder eine andere Geschichte. Sie handelt auch vom Hasselbacher ›Tal‹.

Hanno Reuther

Michael **Deiml**

*1949 in Prag (Cz); lebt in Stuttgart

Sonne – Licht – Mensch

1984/89

Spiegel Ø 370 cm
Steinkreis Ø 860 cm
Stahlbögen 417 / 860 cm
Stein in der Mitte des Kreises 20 / 95 cm

Reflexionen zu der Hasselbacher Landschaftsinstallation

Die „Wurzeln" dieser Landschaftsinstallation liegen an zwei Orten in Peru, die ich 1981/82, während einer Reise durch Südamerika besichtigte. Von dem ersten Ort, der Marcahuasi genannt wird, stammt die Kreisform, in der Steine angeordnet sind. Von dem zweiten, einem Ort, der sich in der Wüste, in der Nähe der Stadt Nzaka befindet, stammt die astronomisch orientierte Linie der Landschaft.

Aus der Synthese der beiden „Prinzipien", in Verbindung mit der landschaftlichen Konfiguration, die man stichwortartig mit den Begriffen „Berg" und „Tal" andeuten könnte, entwickelte sich 1984 die nun seit mehreren Jahren im Hasselbacher ›Tal‹ aufgestellte Arbeit.

Die zweiteilige Installation „Sonne – Licht – Mensch" liegt in dem nördlichsten Teil des gegenwärtigen ›Tal‹-Geländes.

Ihre Formen und Maße sowie die gegenseitige Ausrichtung der einzelnen Elemente wurden so gewählt, daß der RAUM, (spezifiziert durch die geographischen Koordinaten und durch die Landschaftsvorgabe wie Profil, Sichtlinien im ›Tal‹ usw.), die ZEIT (spezifiziert sowohl durch den Bezug der Sonnenbewegung im Jahreslauf, als auch durch den Wandel und die Veränderungen des lokalen Geschehens, unter dem Einfluß des Wetters oder der Jahreszeiten) und die an diesem Ort geltenden kosmischen Gesetzmäßigkeiten in der Arbeit integriert worden sind.

Es entstand dabei u.a. ein „ruhender" Raum (Steinkreis), dem die natürliche Bewegung der Erde um die Sonne sichtbar „Dynamik" verleiht. Denn diese dynamische Bewegung löst zwei Prozesse aus, die sich als Licht- bzw. Schattenprozeß zu Sommeranfang im Zentrum des Steinkreises, dem ersten Teil der Installation, begegnen.

Der „Tal-Teil" der Installation, ein Steinkreis mit einem Durchmesser von ca. 8 m, wird aus zwei Dutzend kleinerer und größerer Steine gebildet, von denen nur einer, der nördlichste, klar aus dem Kreis der Steine herausragt. Im Zentrum des Kreises, der in eine Wiese eingebettet ist, befindet sich ein runder Stein mit einer kreisförmigen, mit Wasser gefüllten Vertiefung in seiner Mitte. Aus dem südlichsten Punkt des Steinkreises ragt senkrecht ein Stahlbogen empor, an dessen Ende sich ein Stahlring befindet. Dieser wird durch den großen, von Norden nach Süden sich neigenden Stahlbogen in zwei Hälften geteilt.

Der große Stahlbogen steigt im Nordosten des Steinkreises aus der Erdoberfläche heraus und verschwindet wieder im Nordwesten des Kreises im Wiesengrund. In seinem Kulminationspunkt ist dieser unterbrochen. Durch diese Unterbrechung fällt dann zur Sommersonnenwende, wenn die Sonne im Zenith steht, das Sonnenlicht ungehindert auf die Mitte des runden Steines. Die übrige Zeit des Tages könnte bei Sonnenschein diese Stelle als Drehpunkt eines sich bewegenden Schattens wahrgenommen werden.

Der „Berg-Teil" der Installation befindet sich auf einer Anhöhe nord-östlich des Steinkreises, in einer Entfernung von etwa 400 m. Dieser eigenartig schimmernde und seine Erscheinung manchmal rasch verändernde Punkt ist ein runder Spiegel mit einem Durchmesser von 3,7 m. In diesem kann man, je nach Standort, außer sich selbst, nicht nur die gegenüberliegende Talseite, sondern auch den stetig wechselnden westlichen Himmel

sehen. Dadurch wird der Spiegel selbst zum Chamäleon, wenn er seine Oberfläche von blau, über orange und violett bis zum silbrigen Schein einer sonderbaren unbeweglichen Mondimitation, die manchmal erst tief in der Nacht verlischt, wandelt.

Die Einheit und die Zusammengehörigkeit, die in der Natur zwischen Berg und Tal besteht, ist zwischen den beiden Gestalt-Trägern der Installation, dem Spiegel einerseits und dem Steinkreis mit den Stahlbögen andererseits, für die Betrachter nicht jederzeit sichtbar. Sie offenbart sich durch eine offensichtliche Verbindung durch das Licht erst im Frühsommer, indem kurz vor Sonnenuntergang, hinter dem nordwestlichen Horizont, der vom Spiegel reflektierte Sonnenstrahl in das Zentrum des Steinkreises fällt. Dabei leuchtet die kleine spiegelnde Wasserfläche in der Mitte des runden Steines auf.

Im weiteren Verlauf des Jahres lösen sich dann beide Prozesse wieder voneinander. Der Schatten bleibt immer auf den Steinkreis gebunden und entfernt sich von der Mitte langsamer nach Norden als der Sonnenreflex des Spiegels, dessen „Erdbahn" sich täglich mit größeren Schritten von dort wegbewegt. Im Winter, wenn die Sonne am Wendepunkt steht, ist die Entfernung vom Zentrum am größten.

Doch jährlich wiederholt sich das Natur- und Kunstschauspiel für den, der dies am Ort betrachten und erleben will.

Die Arbeit an dieser Installation lenkte mein Interesse auch auf die Bauten und Kultstätten der megalithischen Kultur. Ich fragte mich:

- Inwieweit gibt es eine „Ideenverwandtschaft" der megalithischen Kultstätten und meiner Arbeit!

- Inwiefern kann überhaupt aus dem Erkenntnis- und Bewußtseinszustand des heutigen Menschen mit Hilfe der „stummen Steine", den einzigen „sprechenden Zeitgenossen" des damaligen vorgeschichtlichen Menschen, über sein Leben, seine Kultur und seinen Wissensstand, etwas Genaueres ausgesagt werden?
  Welche ortsbezogenen, landschaftlichen Kriterien wandte der megalithische Mensch zur Auswahl des Ortes für den Aufbau und für die Orientierung seiner Steinsetzungen, wie die Dolmen, Menhire, Steinkreise und Linien usw. an?

Ich suchte nach Orten, an denen unter der Einbeziehung der landschaftlichen Gegebenheiten des Standortes, und der Beachtung der Himmelsrichtungen sowie des kosmischen Geschehens im Jahreslauf die „Vereinigung" von Raum und Zeit noch heute ablesbar wäre.

Der Zufall führte mich zu dem heute zerbrochenen Dolmen „BERCEAU" in Mittelfrankreich, auf den sich in gewisser Weise die in der Installation „Sonne – Licht – Mensch" angelegten Gedanken übertragen ließen. Ein noch nicht realisiertes Projekt unter dem Titel „Stein – Licht – Mensch", das sich als Ziel die Rekonstruktion dieses Dolmens setzt, soll nicht nur eine Brücke zwischen den Räumen und Zeiten, sondern auch zwischen der Kunst und der Wissenschaft bilden.

Raum ›Tal‹ Hasselbach/Werkhausen
50,7138° nördliche Breite
7,6167° östliche Länge

Zeit 21.6.1989

Michael Deiml

Hanspeter **Demetz**

*1948 in St.Ullrich/Grödnertal (I); lebt in Völs am Schlern, Südtirol

Haus für August Sander

1986/89

550 / 550 / 550–250 / 550 / 110 cm
Massivbau, zementgrau verputzt

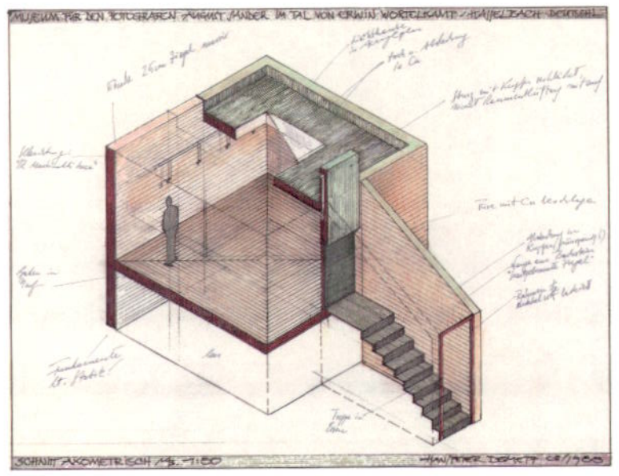

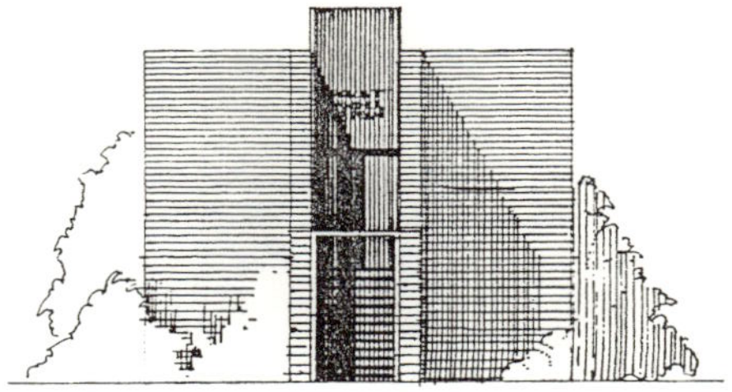

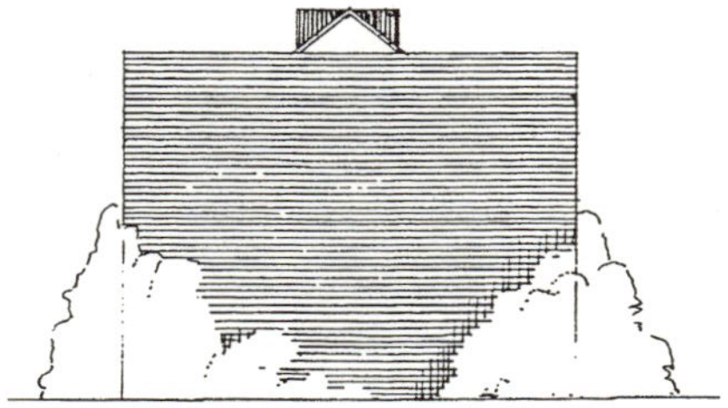

Aufzeichnungen zum Projekt „Haus für August Sander"

August Sander war Photograph (von gr. phos = Licht und graphein = zeichnen, schreiben), ein Lichtzeichner also.

Als Erwin W. mir von seinem Projekt ›im Tal‹ erzählte, von August Sander auch, da sah ich diese Fotografien wieder vor mir, die ich Jahre zuvor in einer Illustrierten gesehen habe, rein zufällig nur und in keinerlei Zusammenhang. Aber sonderbarerweise hatten sich diese Bilder in meine Hirnrinde eingebrannt, wie das Licht in eine Fotoplatte: der feiste Konditormeister, der westfälische Landadelige mit Dobermann und die „Bauernfotos".

Ich soll etwas für Sander entwerfen, aus 1000 km südlicher Entfernung zum ›Tal‹, mit der einzigen Hilfe der eingebrannten Bilder Sanders in meinem Kopf und mit der telepathischen Verbindung zu Erwin (es geht nicht anders, aber es funktioniert gut so zwischen uns beiden…).

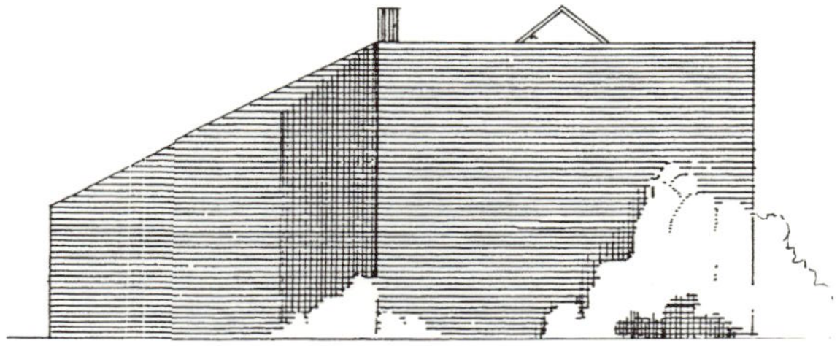

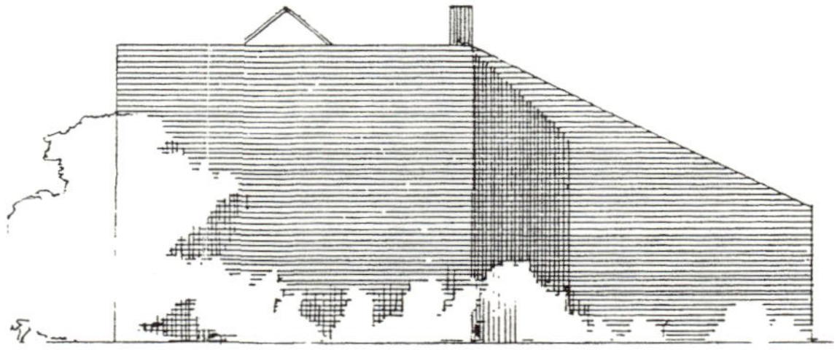

Bogomir **Ecker**

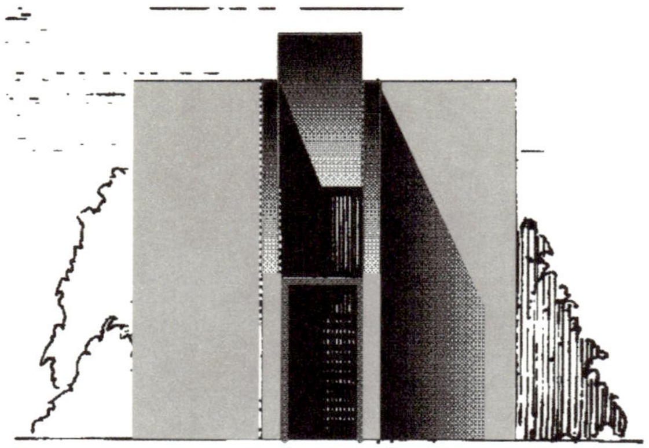

Ich muß zum Licht kommen.
Licht ist wie Freiheit, man empfindet es erst, wenn es nicht da ist.
Ich muß es aussperren, und dann gezielt wieder durchlassen, so wie die Kamera des Lichtzeichners Sander.
Hat man nicht schon ähnliche Versuche in Schilda angestellt?
Der Gedanke an Sanders Kamera ist stärker, ich will's versuchen.
Setze einen Würfel in die Landschaft, diese hier verträgt auch Vertikales (von einem Würfel siehst du jeweils nur zwei Seiten, die sich zudem an jeder Ecke unverändert wiederholen, – ist ein Würfel eigentlich rund?).
Mach ihn dicht, hermetisch, nur von oben, da laß Licht durch. Dann hebe den inneren Raum um die Hälfte der Höhe und mache ihn zugänglich mit einer Treppe, (sie hebt dich aus der Ebene der gewachsenen Umwelt auf eine neue, künstlich geschaffene).
Es soll keine Freitreppe sein, zwäng sie ein seitlich, nimm ihr das Licht.
Jetzt der Eingang: keine Tür, sie erschließt dir den inneren Raum zu allmählich, zu diskret. Es muß plötzlich gehen, du mußt hineingestoßen werden in den Raum, in das Licht, das draußen überall war, aber erst hier empfunden wird, seine Wertigkeit erhält. Ich skizziere und schicke alles Erwin. Es hat micht nicht im geringsten gewundert, daß Erwin das Haus für Sander dann auch wirklich gebaut hat, … es geht eben nur so.

Hanspeter Demetz

*1950 in Maribor (SLO); lebt in Düsseldorf und Burbach/Westerwald

Schrei
1991/92

Schacht 210 / Ø 139 cm
Kugel 75 cm
Gitter 2,5 / 128,5 cm
Mundhöhle 8 / 8 / 14 cm
Beton, Aluminium lackiert, Eisen verzinkt, Bronze

Schreie und Flüstern

Auge und Ohr sind passive Grenzorgane des Menschen. Unmittelbar leiten sie die Vielfalt der Außenweltserscheinungen in die Räume des Innenlebens. In ihnen tönen sie lautlos nach. Der Mund ist in der Lage, das was vormals filterlos hereingeflossen ist, nach seiner wunderbaren Transformation in einen neuen, möglichen, anderen Sinn wiederzugeben.

Das Prozeßhafte ist schon seit langem Bogomir Eckers Ergründungsterrain. Wahr-Nehmen, für Wahr nehmen, die Bildung subjektiver Wirklichkeit oder das Erkennen wirkenden Seins. Regelmäßig nehmen seine Skulpturen immer wieder die Form von abstrahierten Augen und Ohren an. Sie spähen und lauschen – in ihrer Größe jeweils den Ort und zugleich sich selber konterkarierend – an Hauswänden und Bäumen, in Museen und Institutionen, auf der Straße, im Wald, an Werken des Künstlers, oder gar in sich selbst. Sie koppeln sich rück, als allgegenwärtige Zeichen des Registrierens, Beobachtens und Aufnehmens. Durch die Beobachtung und Belauschung, die sie ihrerseits wiederum von außen erfahren, entsteht zunächst eine schnelle, geistige, fast paradoxe Doppelschwingung. – Zu dem Feineren, Komplexen und Raumbildenden kommen wir später noch.

„Schrei" nennt Ecker seine Skulptur hier im ›Tal‹. Das assoziative Element dieses Wortes – die energetische, plötzliche Lautentladung, im Sprachgebrauch vorwiegend als Ausruf des Erschreckens verstanden – schafft vorerst eine respektvolle Distanz zu dem uns Begegnenden, zu Betrachtenden. Kurz gesagt: Steuerung der Erwartungshaltung.

Mit dieser Einstimmung stößt man nun, in Sichtweite zum „Haus für August Sander", auf einen kreisrunden, in die Wiese eingelassenen Gitterrost. Kühl, spröde und funktional, wie wir die Abdeckungen von Kanalisationssystemen, Entlüftungs- und Versorgungsschächten kennen. Die Zuordnung zur Tektonik des Hauses scheint die einzig mögliche Rechtfertigung für die Existenz des Gitters zu sein. Gäbe es da nicht im Menschen die Lust, in Höhlen, Löcher, Schlitze und ähnlich dunkle Räume zu blicken, mit der Bogomir Ecker stets rechnet, würde man es wohl darauf beruhen lassen. Doch Neugierde ist der Anstoß, näher zu treten und den Blick in die Welt des Unterirdischen zu lenken. – Eine kurze Erinnerung an verworrene Tunnel und versteckte Pyramidengänge wird wach. – Da steht man nun auf dem Rost und schaut, was es zu entdecken gibt:

Eine große, schwebend anmutende rote Kugel, etwa 70 cm im Durchmesser und etwa 1,70 m unter den eigenen Füßen. Auf ihr befindet sich ein durch die Flimmerwirkung des Gitters schwer zu erkennendes, kleines Bronzeobjekt, ein anderes ist zwischen Schachtwand und Kugel eingeklemmt. Es sind zwei vergrößerte Positivabgüsse einer wie zum Schrei geweiteten Mundhöhle.

Das, was während des Fokussierens der Objekte geschieht, ist frappierend. Unvermittelt beginnt ein plötzlicher Assoziationsreigen. Die Gedanken geraten ins Taumeln, das Gitter, auf dem man steht, wird zu einem unsicheren Ort. Die Membranidee Eckers wird körperlich erlebbar, so daß man geneigt ist, sich das Ganze vorsichtshalber erst von der Seite her anzusehen.
Kugel, ein in sich selbst geschlossener Körper, Welt, All, Alles, Kosmos. Schacht, Brunnen, Tunnel, Loch, schwarzes Loch. Gitter, Membrane, Grenze, Grenzbildung, Transparenz. Rachen, erstickter Ton, materialisiertes Wort, Fragment, Absterben, Amorphes, Stille, Froschkönig.

Nehmen wir beispielsweise den Klangraum, so stellen wir fest, daß seine Grenzen nicht definierbar sind, obwohl wir ihn als endlich und somit begrenzt wahrnehmen können. Gesellt sich zu diesem Klangraum ein begrifflicher hinzu – gebildet durch ein Wort – wird man unweigerlich veranlaßt, die Auffassung des herkömmlichen, materiellen Raumes zugunsten eines imaginären Raumes zu verlassen. In diesem Sinne ist Bogomir Eckers Skulptur mit ihren sich teils ergänzenden, teils gegenseitig wieder aufhebenden Analogien als Umsetzung von virtuellem, geistigem Zustandsraum in plastische Materie und umgekehrt zu verstehen. Dabei werden bereits im immateriellen Bereich Bedeutungen wie Resonanzkörper, Kommunikationsmodelle, oder andere Gesellschaftsphänomene in einen schwingenden, poetischen Zustand versetzt. Ihrer Transformation, ihrer Metamorphose in optisch-haptische Qualitäten liegt ein Prozeß zugrunde, der weder zentrisches, noch perspektivisch ausgerichtetes Denken und Handeln birgt. Mit einfachen skulpturalen und verständlich lesbaren Mitteln gelingt dem Künstler der Versuch, die Gleichzeitigkeit der Dinge und Eindrücke sichtbar zu machen. Der Ort, an dem man sich befindet, enthält dabei ein simultanes Oben und Unten, Vorne und Hinten.

Vor dieser Folie erschließen sich denn auch verschiedenste mikrokosmische Zusammenhänge, wie etwa diejenigen, die zwischen Sprachraum, Begriffsraum, materiellem Raum, Hohlraum, Bildraum, ausgegossenem oder eingeklemmtem Resonanzraum bestehen. Ebenfalls läßt sich Eckers Arbeit mühelos in den erweiternden Kontext der Natur, des Ausstellungsortes und anderer Dinge stellen, wobei dem kunstwissenschaftlichen Beschreiben und seinem statischen Instrumentarium mitunter die Grenzen seiner Darstellungsfähigkeit deutlich vor Augen und Ohren geführt werden.

„Schrei" – Ausruf eines Lebewesens. Als unartikulierter, noch ungeformter Laut könnte er in jedem Falle den Beginn einer neuen Sprache, einer neuen Verständigungsform markieren: Denn wem leuchtet nicht ein, was Linguisten längst herausgefunden haben? Daß nämlich vor der Wirklichkeit die Sprache steht, die ihrerseits das Denken formt und damit wieder die Anschauung der Realität, ja der Wirklichkeit selbst. Im Falle des Bogomir Ecker, unter dessen Händen das Unwahrscheinliche immer zum Realen, das Unsichtbare und Unhörbare zum Bild wird, wäre dies wohl die Sprache der Sinne, die den Dingen ihren Freiraum gewährt, die Fragmente ohne Versagen neu zueinander finden läßt und der Vernunft der Poesie den Vorrang vor der Logik der Vernunft einräumt. Und nicht umsonst bedeutet „Schrei", nimmt man seine etymologische Spur auf, in seiner ursprünglichen Aussage „Notruf, feierliches Geschrei des in seinem Recht Gekränkten".

Beate Ermacora

Gloria **Friedmann**

*1950 in Kronach; lebt in Paris (F)

Eremitage
1992/93

Tür 196,5 / 94 cm
Flügel 193 / 45 / 4,5 cm
Corten-Stahl

Außenfassade 260 / 270 cm
Innenraum 203 cbm
Mauerwerk, verputzt

Eremitage

Der „Einstieg" ins Gelände liegt wenige Meter zurück. Der Besucher folgt nun dem alten Mühlenpfad nach Norden, der tief gemuldet durch den Wald führt. Nach einigen Schritten trifft er rechter Hand auf einen in das felsige Gelände hineingetriebenen, fensterlosen Betonkubus, der durch eine Metalltüre zugänglich ist. Durch die geöffnete Tür blickt man in einen kleinen, dunklen Raum mit rot schimmernden Wänden. Ihn zu betreten, mag einige Überwindung kosten. Hat man die Türe hinter sich geschlossen, fällt lediglich durch schmale Schlitze rechts und links der Tür ein wenig Licht ein. Der rote Schimmer weicht der Dunkelheit. Die Augen sehen nicht mehr, dafür vernehmen die Ohren rhythmisch wiederkehrende Töne: eine Herzfrequenz mit 60 Schlägen in der Minute.

Für einen Moment fragt man sich, woher man unmittelbar und ohne zu überlegen weiß, daß es sich um Herztöne handelt? Das eigene Herz gibt die Antwort, denn allmählich nehmen wir wahr, daß der eigene Puls sich auf das Gehörte einpendelt. Es passiert unbewußt und liegt in der Natur der Dinge. Der Ort erhält dadurch etwas Beunruhigendes, weil Zwingendes. Wir fühlen uns im Innersten berührt, angetroffen. Die hier vorgegebenen Töne sind das, was wir alle zuerst vernommen haben.
Gloria Friedmann hält mit dieser architektonischen Skulptur die Erfahrung eines Weges nach Innen bereit und dies auf mehreren miteinander verknüpften Ebenen. Zunächst begeben wir uns in einen kleinen, fensterlosen Innenraum, in dem uns jeder Horizont entzogen ist. So auf uns selbst zurückgeworfen, werden wir, ausgelöst durch das rhythmische Pulsieren einer Herzfrequenz, an unser Innerstes, das eigene Herz erinnert. Kein alltägliches Erleben, denn an das unablässige Funktionieren unseres Herzens verschwenden wir gewöhnlich keinen Gedanken. Durch ein äußerliches Abtasten vergewissern wir uns nun, daß es schlägt.

Doch ist damit nur der äußere Zugang erfaßt, das, was sicht- und tastbar zugänglich ist. Das eigentlich Geheimnisvolle liegt jedoch darin, daß dieser Ort es vermag, ein inneres, leibliches Spüren des Herzens auszulösen. Es ist die Wahrnehmung des gespürten Leibes, nicht des Körpers, den diese Arbeit für den Betrachter bereithält. Innen entsteht dabei durch einen ontologischen Sprung, der zu einer Qualität von Erschlossensein führt.

Gloria Friedmann nennt ihren Beitrag im ›Tal‹ „Eremitage" (griech.-frz. *Einsiedelei*), womit ein zumeist einfach gestaltetes, kleines Gebäude in abgeschiedener, einsamer Umgebung bezeichnet wird. Eremitagen als eine Besonderheit von fürstlichen Landschaftsgärten gibt es in Italien seit dem 16. Jahrhundert. Zunächst wohnte dort tatsächlich ein Eremit. Später, im englischen Landschaftsgarten des 18. Jahrhunderts, wandelt sich die Eremitage zum architektonischen Träger von Stimmungen, die im Wanderer durch einsame, waldig-felsige Gegenden hervorgerufen wurden.

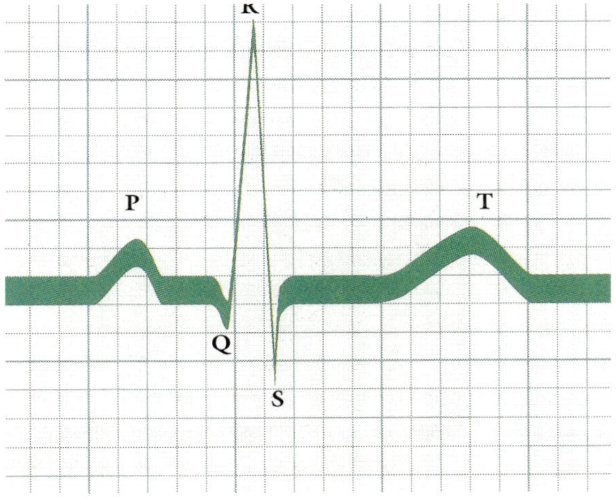

Die Künstlerin lehnt sich mit ihrer begehbaren Skulptur an das historische Konzept an. Zugleich versteht es Gloria Friedmann, dieses Konzept über die genannten äußerlichen Merkmale hinaus zu aktualisieren. Indem sie „Eremitage" im Kontext der Topographie und des Wegesystems denkt, gelingt es ihr, Bezüge zu anderen Arbeiten des ›Tal's‹ herzustellen. Der „Einstieg" ins Gelände von Lutz Fritsch kann nun auch als Eintritt in die Welt erscheinen. In der „Eremitage" mit dem Ich konfrontiert, erscheint der „Arme Mensch" von Thomas Lehnerer, eine kleine Bronzeskulptur am Ende des Mühlengrabens, als erstes Du. Neben ihm öffnet sich die Landschaft und die Reise, die längst begonnen hat, führt uns ins ›Tal‹.

Christiane Schön

Lutz **Fritsch**

*1950 in Köln; lebt in Köln

Einstieg

1986

Vertikale BLAU 1100 cm / Ø 6 cm
Horizontale ROT 483 cm / Ø 7,5 cm
Eisen lackiert

Treppe 158 / 379 / 73 cm
Eisen lackiert, Ziegelsteine

Die erste Arbeit im Skulpturental von Hasselbach-Werkhausen ist Lutz Fritschs „Einstieg". Nicht nur die Plastik, bereits die natürliche Situation des Waldstücks hat den Charakter des Raumöffnenden: In der Flanke hochaufragender Bäume bleibt eine etwa sechs Meter breite Schneise offen, die sich auf der dahinter ansteigenden Anhöhe fortsetzt und den Blick auf die schmale Höhenlinie freigibt – die Offenheit der Schneise ruft eine visuelle Sogwirkung hervor.

Die Arbeit von Lutz Fritsch ist im Dialog mit den nur hier vorzufindenden Gegebenheiten der natürlichen Umgebung entstanden und als solche „ortsspezifisch" – an einem anderen Ort in einer anderen räumlichen Situation würde sie ihre Relevanz verlieren. Im Unterschied zu anderen ortsspezifischen Werken der neueren konkreten Kunst – man denke an Richard Serra und François Morellet – ruft der „Einstieg" keine Irritation in der Auseinandersetzung mit den vorgefundenen Gegebenheiten hervor, er stellt die Umgebung nicht in Frage, sondern er konzentriert sie in ihrer räumlichen Konstellation. Die Arbeit steht zu ihrer Umgebung in einem Verhältnis der Analogie und ist gleichzeitig ein Verweis auf den Ort des Eingangs. Die Richtungen, Flächen und

Farben der Naturerscheinungen sind abstrahiert zu einer plastischen Ordnung, welche die Umgebung gliedert und ihre potentielle Bewegung linearisiert. Es charakterisiert die plastischen Arbeiten Fritschs, daß sie den Raum über ihre faktische Gestaltung hinaus erschließen – ein Wesensmerkmal, das den Werken von Norbert Kricke nahe verwandt ist.

Aus der strengen Reduktion der plastischen Mittel des „Einstiegs" im Skulpturental folgt eine besondere Bedeutung der *Position* der Elemente in der Umgebung, ihrer *Größenrelation* zu deren natürlichen Gegebenheiten und schließlich der spezifischen *Farbe*. Was die Beschreibung getrennt voneinander aufzählen muß, ist in der Werkerfahrung unmittelbar ineinander verschränkt.

Weil sich die Räumlichkeit des „Einstiegs" nicht durch eine einzige Dimension erschließen läßt und vielmehr für unterschiedliche Richtungen offen ist, entzieht er sich einer eindeutigen, Vorrang beanspruchenden Sichtweise. Es können zumindest zwei Weisen räumlicher Interaktion zwischen Plastik und Umgebung erfahren werden – eine im weiteren Sinne simultan-bildhafte und eine sukzessiv-bewegungsmotivierende.

Die elf Meter hohe blaue Senkrechte zeigt sich als unmittelbares Pendant zu den Bäumen. Ihre Farbe nimmt das Blau des Himmels auf. Darüber hinaus signalisiert die blaue Senkrechte eine besondere Aufmerksamkeit für den bestimmten Ort – für den Einstieg in den Rundweg durch das Skulpturental. Eine rote Waagerechte liegt auf der Anhöhe der Schneise, deren Breitenausdehnung sie nachzeichnet. Als *Farb*linie korrespondiert sie weniger mit ihrem Umraum und bildet eine stärkere Autonomie gegenüber ihrer Umgebung aus, während sie diese als *Linie* direkt aufnimmt.
In der simultanen Betrachtung können die blaue Senkrechte und rote Waagerechte als immaterielle Raumlinien erscheinen, die den Blick bewegen: Die Senkrechte nimmt dabei die Geschlossenheit und auch die Aufwärtstendenz der Baumreihe auf, während die Waagerechte diesen Blick insofern rhythmisiert, als sie ihn zunächst auf sich selbst lenkt und sodann über die Schneise auf die Höhenlinie entwirft. Mit der Veränderung des Betrachterstandortes ändert sich auch die Werkerfahrung. Bewegt man sich auf die Treppe zu (die Teil der Arbeit ist), so scheint die rote Waagerechte den Schneisenraum nun zu verschließen; sie zeigt jetzt die Richtungen des parallel zu ihr verlaufenden Waldwegs an.

Mit dem „Einstieg" geht es Fritsch nicht darum, eine individuelle Ausdrucksform in den Raum zu tragen, sondern darum, dem Ort selbst innewohnende Qualitäten als farbige Energielinien zu visualisieren.

Georg Imdahl

Hannes **Forster**

*1955 in Tuttlingen; lebt in Berlin

Überbrückung

1988

0 – 30 / 110 / 110 / 1700 cm
Bruchsteine, Vierkanthölzer, Teiche, Bach

Ein Gehen

Wir können nicht sagen, wir denken, wie wir gehen, wie wir nicht sagen können, wir gehen, wie wir denken, weil wir nicht gehen können, wie wir denken, nicht denken, wie wir gehen.

Thomas Bernhard, Gehen

Folgt man dem Bach stromaufwärts durch nasses Gras und aufgeweichte Erde, so kommt man in ein Feuchtgebiet. Tümpel, Gräser und Blüten zeigen die lebensgenerierende Potenz des Wassers. Eben hier, in der ökologischen Mitte des Tals, kann der Wanderer den Bachlauf überqueren, kann sich auf die Kleinteiligkeit und Ereignisvielfalt eines Mikrokosmos einlassen.

Eine sich auf das Elementare beschränkende Brückenarchitektur durchkreuzt das Feuchtgebiet, führt leicht ansteigend bzw. abfallend zwischen Teichen hindurch und über den Bach hinweg von Ufer zu Ufer. Fünf trokken geschichtete Bruchsteinbasen stützen einen schmalen, aus drei miteinander verschraubten Vierkanthölzern gebildeten Steg. Der Steg läßt sich in eben dem Maße in die Natur ein, wie er selbst aus der Natur kommt und wieder in sie einmündet. Sein Gemacht-Sein zeigt dabei ein Bewußtsein für die Nutzbarkeit der natureigenen Materialien. Der Steg ist so nicht Fremdkörper, sondern selbst Teil der Landschaft. Seiner Konstruktion eignet nicht die Künstlichkeit des scheinbar Ewigen, sondern die Natürlichkeit möglichen Zerfalls.
Das Bauen selbst, die Folge der einzelnen Arbeitsschritte ist in der sorgfältigen Schichtung der Bruchsteinbasen und der festen Verschraubung der Vierkanthölzer deutlich sichtbar. Trotz der potentiellen Gefährdung, die durch die Schmalheit des Stegs und die lose Schichtung der Steine evoziert wird, bleibt das Risiko des Begehens jederzeit kalkulierbar.

Im Verhältnis zur Schmalheit des Stegs wirken die fünf Bruchsteinbasen überdimensioniert. Während der Holzsteg selbst kaum breit genug ist, um vorsichtig und konzentriert darüber zu gehen, scheinen die Bruchsteinbasen nicht nur diesen schmalen Steg stützen zu sollen, vielmehr sind sie Sockel, Stümpfe, Standflächen. Sie setzen Verweilorte inmitten eines zielgerichteten Gehens. Die „Überbrückung" als Weg zeigt die Dimensionen des eigenen Gehens. Indem die Lauffläche nämlich gerade breit genug ist, um die Balance zu wahren und einen Schritt vor den anderen zu setzen, ist nichts anderes möglich, als bewußt zu gehen. Will man sehen, muß man auf einer der Bruchsteinbasen stehen. Dann erfährt man die vertikale Kraft, die die Steine in ihrem scheinbaren Herauswachsen aus der Erde ziehen und die sich in der eigenen Körperachse fortsetzt. Geht man weiter, so folgt man abermals dem beschleunigenden horizontalen Zug des Stegs.

Die „Überbrückung" ist so einerseits funktional gebundene Architektur, die die Überquerung des Baches möglich macht, ist andererseits aber skulpturale Gestalt, in der sich Gehen und Sehen als die beiden grundlegenden Wahrnehmungsmodi in der Natur voneinander trennen, ohne sich zu verlieren. Das eine zeigt sich als Ermöglichung und Bedingung des anderen wie umgekehrt. Die Landschaft ist hier nicht mehr nur Schauspiel vor den Augen, sondern wird zur Lebenslandschaft, in der sich der Gehende Raum schafft und sich in ihr umtut.

Jörg van den Berg

Ludger **Gerdes**

*1954 in Lastrup bei Lindern; lebt in Düsseldorf und München

Stück im Tal

1991

Sieben dreiteilige Elemente
von 115 / 600 / 35–10 cm
ordnen sich tangential
um einen Kreis Ø 1880 cm,
dessen Mittelpunkt in einem Teich liegt.
Roter Sandstein

Stück im Tal

Ludger Gerdes, seit ein paar Jahren vielfältig mit Projekten im öffentlichen Raum in Erscheinung getreten, verbindet bei dieser Arbeit mehrere Aspekte, die im bisherigen Werk getrennt voneinander gewesen waren. So tauchte die Form eines aus gegeneinander versetzten Wänden gebildeten offenen Kreises in Modellen und Bildern bereits verschiedentlich auf, etwa in einer 1985 entstandenen Arbeit mit dem Titel „Meine Gedanken kreisen um Dich". Allerdings handelte es sich dort um fünf, nicht sieben Kompartimente, was aber die Idee von einem „offenen Grundriß" nicht wesentlich verändert. Wichtig ist in jedem Fall, daß durch die Wände Räume abgegrenzt werden, ohne voneinander abgeschlossen zu sein. So fühlt man sich, steht man innerhalb des offenen Kreises, gehalten, aber nicht gefangen. Zudem bekommt man durch die Wände sieben Blickrichtungen, also sieben Perspektiven, aus denen sich die umliegende Landschaft wahrnehmen läßt, was den zu bewußtem Sehen veranlassenden Kunstcharakter des ›Tal's‹ auf eigene Weise betont und im günstigsten Fall die üblichen Rezeptionsunterschiede von Natur und Kunst zum Verschwinden bringt. Doch abgesehen von diesem Landschaftsbezug, der durch die Form der Arbeit gestiftet wird, besitzt sie auch im wörtlichsten Sinne eine Innenseite. Jede der Wände ist mit einem Wort beschriftet, wobei sich, im Uhrzeigersinn gelesen, der Satz „Ichs dürfen können wollen sollen müssen sterben" bildet. Dieser Satz, dessen Wortbestand sich in anderer Weise auch in einer 1991 in Utrecht entstandenen Neonarbeit findet, ist wegen seiner ungewöhnlichen Struktur und der ungebräuchlichen Pluralform „Ichs" in seiner Bedeutung so offen und zugleich als etwas Sinnvolles in seinem Bedeutungsspektrum so begrenzt wie der offene Kreis, in dem er sich befindet. Es ist ein Satz, der in der Aneinanderreihung der Modalverben den dem Menschen grundsätzlich verfügbaren offenen Möglichkeitsraum anzeigt, der aber selbst nicht unendlich, sondern begrenzt ist. So trifft sich also auch der allgemeine Satzinhalt mit der Form des offenen Kreises. Die Kreisform ruft zudem das alte Bild für den im Tod sich vollendenden Lebenslauf wach, was ebenfalls zum Inhalt paßt, indem der Satz mit „sterben" endet. Damit ist der Punkt markiert, an dem alle Möglichkeiten ihren Abschluß finden, so wie sie andererseits erst dadurch gebildet werden, daß ein Subjekt sich seiner selbst bewußt wird und sich so eine Distanz zu seiner Welt und einen Freiraum schafft, der eine Pluralität von Erfahrungsweisen konstituiert. Zwar könnte man „Ichs", das als Wort auch schon in einigen früheren Arbeiten von Gerdes auftaucht, als ein Synonym zu „Subjekte" verstehen, doch es bietet sich an, jene Pluralität von Erfahrungsweisen, die in den jeweiligen Modalverben anklingen, als eine Vielfalt von Ichs zu deuten, die mehr oder weniger stark in jedem einzelnen Menschen ausgeprägt sind. Auf die philosophisch insbesondere in der Romantik und innerhalb des Pragmatismus verankerte Vorstellung vom menschlichen Selbst als Bündel von Einzelichs, die nicht, wie im Fall der Schizophrenie, voneinander getrennt, aber doch unter Umständen einander widerstreitend sind, hat sich Gerdes wiederholt berufen. Dabei ergeben sich aus den Ichs nicht nur die Modalitäten, sondern ihnen korrespondieren auch Fähigkeiten, Stimmungen, Verstehensweisen. Die Welt in ihrer Vielfältigkeit kann nur von Menschen erfaßt werden, die für die einzelnen Facetten ein ausgeprägtes Sensorium besitzen.

Deshalb vermag eine vielgestaltige Persönlichkeit, trotz deren Gefährdung durch Zerrissenheit und Lähmung aufgrund von Unentschiedenheit, vor allem in einer Gesellschaft als Ideal zu erscheinen, die auch sonst Pluralismus zu einem Anliegen gemacht hat und in der es wichtig geworden ist, Sensibilität und Verständnis gerade für das (vermeintlich) Fremde zu entwickeln. Als die Idee einer offenen, pluralistischen Gesellschaft im 18. Jahrhundert erstmals weitläufig auftauchte, fand sie Ausdruck nicht zuletzt im Konzept des Englischen Gartens. Da sollten einem Besucher in rascher Abfolge verschiedene Stimmungsbilder erscheinen, unterschiedliche Epochengefühle und Blicke in fremde Kulturen vermittelt werden. Heute muß man nicht durch die Geschichte und über alle Kontinente gehen, um sich echte Vielfalt zusammenzusammeln, denn mittlerweile *ist* die Gesellschaft offen und pluralistisch geworden, auf engem Raum tagtäglich zu erleben. So ist auch das ›Tal‹ gleichsam ein moderner Englischer Garten: Jeder der daran beteiligten Künstler stellt etwas aus seiner eigenen Welt dar, so daß insgesamt sehr unterschiedliche Landschaftsbilder entstehen. Die Arbeit von Ludger Gerdes verbindet den philosophischen Gedanken von Pluralität mit einer Gestaltung von Offenheit sowohl durch den Satz selbst, als auch durch die Form des offenen Kreises inmitten einer vielfältigen Landschaft, über die sie damit zugleich reflektiert.

Wolfgang Ullrich

Nikolaus **Gerhart**

*1944 in Starnberg; lebt in München

Kern und Hülle

1986/89

Kern 100 / 100 / 210 cm
Hülle 288 / 118 / 100 cm
Basaltlava, Bachlauf

Die Plazierung der zweiteiligen Steinskulptur „Kern und Hülle" (1986/89) von Nikolaus Gerhart am Ufer des Baches im ›Tal‹ erscheint zufällig, provoziert aber zugleich Zweifel am Scheinbaren. Begründend dafür ist neben der Verortung des Werkes auch die Art und Weise des Materialumgangs. Aus einem hochrechteckigen, aus Basaltlava bestehenden Steinrohling wurde der voluminöse Kern gewissermaßen herausgeschält. Als Relikt liegt er in unmittelbarer Nähe zum ehemaligen Steinblock, der nunmehr geöffnet und in der räumlichen Transparenz dem Rahmen einer Fenster- oder Türöffnung vergleichbar ist. Die glatten Innenflächen lassen den Arbeitsprozeß konkret werden: Ein durch Bohrung in den massiven Steinblock eingeführtes Drahtseil hat mit scharfem Schnitt Inneres von Äußerem getrennt. So entsteht vor Ort das auch räumlich akzentuierte Spannungsverhältnis zwischen einer Positiv- und Negativform, die sich einander in der Polarität bedingen und sich gegenseitig als eigenständige Form präsentieren. Im Wesen ähnlich Hülle und Kern sind ihre Charaktere verschieden, und dennoch gehören sie, sich ergänzend, zusammen.

Darüberhinaus zeigt das Werk eine skulpturale Tradition an, die, im Unterschied zum plastischen Verständnis, nicht als ein hinzufügend-aufbauendes Prinzip zu erkennen ist. Vielmehr geht es um eine Reduktion vorhandener Materialität, wobei – und dies in eigenwilliger Interpretation eines bildhauerisch Üblichen – auch im Weggenommenen eine eigenständige Form erkannt und diese als solche vorgestellt wird. Durch präzises Kalkül erscheint dabei die im Stein verborgene Form des Kerns aus fesselnder Materialität befreit. Zugleich ist der Stein durch die einschneidende Maßnahme gezwungen, den in ihm steckenden Kern freizugeben. Ist in dem einen Fall Form das Resultat befreiter Materie, entsteht sie im anderen Fall aufgrund einer Unterwerfung des Materials. Beides dient der Veranschaulichung einer Bearbeitung und Formung von Rohstoff, so daß Aspekte des Materials selbst wie Sprache und Ausdruckswille der Basaltlava eine eher untergeordnete Rolle spielen. Entsprechend ist „Hülle und Kern" weniger in der Expressivität des Steins präsent als vielmehr im Potential des Materials eine Form entlassen zu können, um in der Konfrontation zwischen ursprünglicher und entstandener Form Energie und Kreativität der Transformation zu offenbaren. Bestimmend hierfür ist die Vehemenz und Zentralität des Eingriffs am Material, der die Körperlichkeit des Steins entkernt und in dieser Art einer Entmaterialisierung zur Vergeistigung von Stofflichem führt. Im Zusammenhang des geometrischen Formausschnitts erscheint dies noch einmal mehr angezeigt: Der geöffnete Stein wirkt gleichermaßen als Durchgang und Einlaß. Man kann ihn betreten, um wieder aus ihm herauszutreten. Eine Flut architektonischer Assoziation wird

in Gang gesetzt, die sowohl pragmatischer als auch metaphorischer Natur sind. Als Fenster zur Landschaft wirkt der transparente Stein, aber auch als Tor zur unmeßbaren Weite der Natur. Ebenfalls könnte von Durch- bzw. Zugang zum freien Raum gesprochen werden. Dessen Transparenz und Unsichtbarkeit konkretisiert sich im Ausschnitt des Steins, der eine auch rahmende Funktion erfüllt. Eine Leere ist sichtbar, die in ihrer Immaterialität zeigenden Charakter hat: Indem sie landschaftliche Weite als begrenzten Ausblick vorstellt, bringt sie Natur als gerahmtes Bild vor Augen. Im ästhetischen Charakter entspricht es der skulpturalen Bearbeitung des Basaltsteins, dessen Ursprünglichkeit in bildnerische Form verwandelt erscheint. Zwar ist dem Werk vor allem auch aufgrund seiner roh belassenen Oberflächenstruktur eine gewisse monolithische Archaik zu eigen. Sie aber hat nicht die dominante Kraft des kalkulierten Einschnitts, durch den vielmehr das bildnerische Formwollen zentrale Bedeutung gewinnt. In seiner transformatorischen Absicht macht es die Verortung von „Kern und Hülle" am Bachufer sinnfällig: Wie andernorts kaum erfahrbar, ist in Verlauf und Stetigkeit des Flusses eine Kraft angezeigt, die Einfluß nimmt und Materie in Form und Struktur verändert. Nicht allein die Befürchtung vorzeitiger Ruinierung des entkernten Steins mag Nikolaus Gerhart dazu bewogen haben, den anfänglich im Wasser plazierten Stein letztlich am Ufer aufzustellen. Vielmehr war der Gedanke maßgeblich, eine unmittelbare Evidenz des Werkes eher durch Parallelisierung menschlicher Schöpfermacht und natürlicher Transformationsenergie erwirken zu können. Am jetzigen Standort der Skulptur gewinnt dies die Qualität des Anschaulichen.

Claudia Posca

Ulf **Hegewald**

*1942 in Merseburg; lebt in Aachen

Teatro
1989

60 / 111 / 7 cm
gebrannte Erde

„… weil ich so groß bin wie das, was ich sehe, nicht so groß, wie ich bin."

Alberto Caeiro

Passiert man die zum ›Tal‹ gelegene Wand des Sander-Hauses, taucht linker Hand ein kleines Bildwerk aus rötlichem Ton auf. Es lenkt den Blick ab vom gerade geführten Weg auf eine Gras bewachsene Senke, in deren Mitte das Gebilde liegt. In der Verfolgung des Wegs umschreitet man das Bildwerk, sieht aus der Entfernung auf es hinab. Es entzieht sich in seiner geringen Größe einer Annäherung, baut eine Distanz auf, die beim Herantreten gewahrt bleibt.

Von Nahem zeigt sich das Bildwerk als Gebautes mit einer klaren Struktur. Aus Ziegelsteinen gemauerte Körper sind additiv zu einer hierarchischen Einheit gefügt: auf zwei, konzentrisch um eine Mittelplatte angelegten, ringförmigen Basen stehen zwei ineinander gestaffelte Kegelschnitte. Dieser architektonisch anmutenden Konstruktion liegen weniger Berechnungen als bildhauerische Vorgehensweisen zugrunde. Denn die Körper, aus denen das Bildwerk zusammengesetzt ist, schnitt Hegewald aus Blöcken heraus, die er aus trapezförmigen Ziegeln aus Westerwälder Ton schichtete. Die Schnitte fassen so die Ziegelelemente zu Formen zusammen. Vor dem Brand werden die Positionen der Elemente in dem jeweiligen Formzusammenhang mithilfe einer eingeritzten Markierung festgehalten; der Aufbau ist hier letztlich ein Wiederaufbau der zuvor durch einen plastischen Prozeß entstandenen Körper.

Doch das „Bauen" erschöpft sich nicht in dem beschriebenen Bauvorgang; es wird als Thema freigesetzt an einem Gebilde, das sein Gebaut-Sein anhand von jeder herkömmlichen Funktion entbundenen Ziegeln und Verbänden demonstriert. Material und Formen frühzeitlicher Architekturen aufnehmend, spielt es auf traditionelle Bauweisen an, zeigt darin eine Verwandtschaft zu dem größten Bauwerk des ›Tal's‹, Claus Burys „Haus für den Hasselbacher Reiter". Doch anders als dort setzen verschiedene Merkmale, die eine Fortsetzbarkeit andeuten, wie die steile Anlage der Kegel, die Abweichung ihrer seitlichen Grenzen voneinander, das Prinzip der zunehmenden Größen Denkprozesse in Gang, die man ebenso als „Bauen" bezeichnen könnte. Man kann an den Turm zu Babel wie an antike Bauten denken; der Titel des Bauwerks, „Teatro", hält dabei nur eine dieser vielfältigen Assoziationen fest. Denn Hegewalds „Teatro" meint kein Theater: es funktioniert weder als Modell noch als Miniatur; seine Querschnitte zeigen nur die Geschlossenheit der Dinge.

Zwischen den Polen von Architektur und Skulptur bewegt sich auch das dritte Bauwerk, das „Haus für August Sander", welches sich in nächster Nähe zum „Teatro" auf derselben Erhebung findet. Es ist wie Burys Bauwerk eine Architektur, ein „Haus", das eine Spannung zwischen skulpturalem Äußeren und betretbarem, eher funktional ausgerichtetem Inneren aufbaut. Dagegen entzieht sich Hegewalds Bauwerk in seiner geringen Größe allen Verpflichtungen der Dimensionen, schaltet durch seine Beschaffenheit jede funktionale Vereinnahmung aus. Die innere Konzentration auf einen Kern, die Reduktion auf elementare Grundformen von Kreis und Kegel machen die Dichte der kleinen Masse aus. In dieser Reduzierung mit dem Sander-Monument vergleichbar, wirkt das minimale Bauwerk für seine Verhältnisse ebenso monumental wie der gewaltige Kubus. Im Dialog der beiden absolut konträren Monumente wird die Relativität von Größen umso deutlicher. Im Bezug auf seine Umgebung bildet das kleinste Bauwerk eigene Maßstäbe aus, weitet die Senke zu einer ausgedehnten Ebene, schreibt ihr durch seine auratische Kleinheit eine Ferne ein.

Erstaunlicherweise besteht die Skulptur gegenüber der monolithischen Architektur des Sander-Hauses; subtil unterläuft sie die Konfrontation, da sie ihr Verhältnis zum Umfeld auf andere Weise definiert. Manifestiert der zementgrau verputzte Kubus als Fremdkörper in der natürlichen Umgebung die grundlegende Verschiedenheit von Kunst und Natur, fügt sich die anziehend warme Tonigkeit der Ziegel in dem Maße in ihr Umfeld, wie sie sich von ihm abhebt. Verfestigt zur starren Form läßt die ‚gebrannte Erde' den natürlichen Ursprung durchscheinen. In dem in Material und Form anklingenden Archaismus verfällt das Bildwerk nicht in die Klage über eine verlorene Idylle, die sich an dieser Stelle in dem wüsten Rest eines Steinbruchs zeigt, sondern stellt sich mit stiller Beharrlichkeit entgegen.

Das Zusammenlaufen verschiedener Ebenen und Wege des ›Tal's‹ kennzeichnet die Situation der Talsohle, auf der sich der Steinbruch befindet; zwischen Tal und höchster Erhebung gelegen, bezeichnet sie eine Station zwischen Auf- und Abstieg. Der aufragende Baukörper des Sander-Hauses dominiert das Landschaftsbild an dieser Stelle. Sein Architekt, Hanspeter Demetz, bezeichnet es als „gemauerte Gedanken" – es ist demnach eine Setzung, die ihre Dimension im Widerspruch zur natürlichen Umgebung gewinnt. Das „Teatro" tritt dagegen mit der Landschaft des Steinbruchs in eine auf Harmonie bedachte Zwiesprache. Hegewald komponiert mit ihren Vorgaben: der steil aufragenden Abbruch-Wand antwortet die Front der aufgemauerten Kegelschnitte, der Ausdehnung der Ebene in Richtung des Wegs die vom Kern aus laufenden ringförmigen Basen. Zudem veranschaulicht das Heben und Senken der Kreise die gegenläufigen Bewegungen der natürlichen Gegebenheiten. Die harmonische Form ergibt sich in den Ablauf der Natur, eröffnet sich in einem fortschreitenden Wandel der Ansichten, sich immer neu in Bezug zur Landschaft setzend, deren Öffnen und Schließen, Auftürmen und Auslaufen es zur Auswirkung bringt. So scheint es in sich selbst eine Landschaftlichkeit zu bergen. In ihm vereint sich die konkrete landschaftliche Situation mit dem bildlichen Aspekt von ihr.

Vitruv erklärt in seinen Büchern zur Architektur (III, 6–8) die Formfindung des Amphitheaters über die Beschäftigung mit der Akustik. Zur Erläuterung der Ausdehnung des Schalls benutzt er das Bild von Wellenkreisen, die entstehen, wenn man einen Stein in ein stilles Gewässer wirft. Wie der Stein Kreise zieht, strahlt auch das Bildwerk auf die Umgebung aus, bricht sich an Erinnerungen und Verbindungen, die Wellen zurückwerfen, die es wiederum einfängt. Das Wechselspiel von Hegewalds Skulptur, Sander-Haus und der Landschaft des Steinbruchs deutet das Beziehungsgeflecht, die gegenseitige Aufladung und Bereicherung der Werke im ›Tal‹ an. In dem lautlosen Einsetzen nimmt das „Teatro" seinen Umkreis in dem Maße für sich ein, wie es sich auf ihn bezieht. Unaufdringlich und verhalten konzentriert es sein Umfeld in sich, regeneriert es diese Landschaft, stiftet es einen Ort.

Carina Plath

Paul **Isenrath**

*1936 in Mönchengladbach; lebt in Düsseldorf und Münster

Wasser

1994

Handlauf 3 / 8–9 / 779 cm
Eisen verzinkt, Regenwasser

1994

45 / 15–150 / 600 cm
Eisen verzinkt, Hangwasser

HALT!

Man kann Riesiges in die Natur stellen, um sich als Künstler zu behaupten. Mitleid mit dem, der dies nötig hat. Man kann artifiziöse Strukturen konstruieren, um sie der Natur überzustülpen, solche, die die Natur gleichsam domestizieren. Wie wenig Einblick in die Komplexität der Natur und in die in ihr waltende Ordnung ist dem zu attestieren, der sich dies zum Ziel gesetzt hat. Und, man kann das Naturschöne in seiner einzigartigen Weise so genießen, schätzen und akzeptieren, daß Kunst dort konsequenterweise keinen Platz hat.

Wie verhält sich angesichts dieser vertrackten Ausgangssituation nun ein Künstler, soll und will er ein Werk von sich in die Natur geben, was eben auch bedeutet, daß er in die Natur eingreift? Vilém Flusser sieht das Nehmen eines Stockes aus der Natur schon als den der ersten Akt des Menschen, sich die Natur untertan zu machen. Dem finalen Punkt, den, in dem die Natur in Funktion des Menschen funktioniert, nähern wir uns so gesehen seit Menschengedenken. Ob dieser je erreicht werden wird, ob dies überhaupt zu wünschen ist – wer weiß?

Wandert man nun durch das ›Tal‹ bei Hasselbach/Werkhausen im Westerwald, in das Erwin Wortelkamp Künstler gebeten hat, Werke von sich zu plazieren, zu installieren, zu integrieren…, so begegnet man weniger denn beiläufig – also nicht monumental den Blick richtend, aber auch nicht gerade zufällig – zweimal Werken von Paul Isenrath.

Man hat sich gerade daran gewöhnt, den Blick nicht nur, auf Naturschönheit konditioniert, über Weiden und Auen schweifen zu lassen, sondern auch darauf eingestellt, Knicke im Zaun und Schneisen, vertikale Marken und Gerätschaften als Kunst in der Natur zu akzeptieren, da nimmt man, vielleicht durstig des Sommers, einen Wasserspiegel wahr. Eine Pfütze wahr – aber eine in Dreiecksform, gleichschenklig scheinend und auch noch tetraederhaft dreidimensional und stahlgewandet? Wasser fließt über den spitzen Winkel des Dreiecks, Wasser eines Rinnsals von der Weide. Die Basisfront des Dreiecks dient gleich einem kleinen Staudamm dem Halten des Wassers.

In einer Ackerfurche befindet sich das Ganze. Die drei Seiten des Dreiecks liegen – wie könnte es anders sein? – in einer waagerechten Ebene. Es sind die Sichtkanten der in die Erde eingelassenen Stahlbleche. Wir stehen vor einem horizontalen Moment in der Hügellandschaft des Westerwaldes.

Paul Isenrath hat eine *Staupfütze* in die Natur gegeben. Lediglich das Auge vermag über sie zu stolpern. Denn die Form – nur sie, nichts anderes – ist der Natur hier fremd. Das Phänomen, Wasser zu stauen und so einen Spiegel in der Natur zu bilden, in den sich der Himmel und die Wolken eben einspiegeln, ist der Natur entnommen. So tritt Blau ins Grün der Weiden, so Wolkenzüge an die Grasnarbe – hier in der geometrischen Dreiecksform.

Der Künstler, der Mensch, Paul Isenrath, bescheidet sich damit, visuell, qua Form, ein Werk dem Formrepertoire der Natur einzufügen. Wenig – in der Tat. Kaum augenfällig – für wahr. Aber signifikant – was mehr ist zu erreichen?

Nicht anders verhält es sich mit seiner zweiten Arbeit im ›Tal‹. Nahe des Hauses von Erwin und Ulla Wortelkamp führt eine Brücke über einen Bach. Sie liegt in einer Kurve. Ein Geländer grenzt sie nach den Seiten ab.

Zumeist sind es Autofahrer, die die Brücke queren. Für sie ist es praktisch unmöglich, die Arbeit Paul Isenraths zu sehen, geschweige denn wahrzunehmen. Denn die Arbeit ist ein aufgesetzter Handlauf an dem Geländer. Leicht nur hebt er sich ab von der vorfabrizierten Höhe, bildet lediglich einen kleinen Spalt fürs Licht, schwebt gleichsam über dem Geländer. Ein bloßes Stahlband – wäre da nicht am Ende ein kleines Becken in den Stahl getrieben, in dem sich Regen- und Tauwasser sammelt; ein bloßes Stahlband mit kleinem Wasserbeckchen – mündete ins Wasser nicht ein Worteband, mündeten nicht die folgenden Worte in den Spiegel, die Isenrath zu einem Satz gebaut ins Stahlband geformt hat:

Gewicht
Balance
Lage
zerfließen zum Sammeln
nachgebend
scheinbar ohne Form
formen seine Spiegel die Kräfte

Beide Arbeiten von Paul Isenrath spielen mit der Flüchtigkeit, die dem Menschen eignet, wenn er spazieren, wenn er zur Entspannung in die Natur hinaus geht. Dieser Flüchtigkeit kann man etwas entgegensetzen, indem man die Aufmerksamkeit erfordert, sie erzwingt. Man kann die Aufmerksamkeit aber auch hinter der Flüchtigkeit als ein nur Verborgenes voraussetzen und „nur" darauf hoffen, sie zu erregen. Letzteres tut Paul Isenrath. Ja, er erhebt dies sogar zum Kunstprinzip. Er holt den Betrachter, den Spaziergänger und Wanderer da ab, wo dieser mit offenem Auge verloren plötzlich sieht, wo dieser aus seiner Flüchtigkeit gerissen angehalten wird aufzumerken, wahrzunehmen, zu sinnieren…

Raimund Stecker

Marin **Kasimir**

*1957 in München; lebt in Brüssel (B)

Ohne Titel (Deux Endroits avec Sculptures)

1993

Figurinen 222 / 58 / 34; 224 / 32 / 32 cm, Betonguß
Bank: Sitzfläche 45 / 56 / 300 cm, Basaltlava
8 Kugeln je Ø 30 cm, Betonguß
Platz Ø innen 520 cm
Eibenhecke 60–90 / 40 / 1200 cm

Am Rande der Laubwälder, die rechts und links die große Schneise säumen, stehen zwei figürliche Plastiken von Marin Kasimir. Beim Anstieg zum Mühlengraben rücken beide zum ersten Mal ins Blickfeld. Ihre strenge Pfeilerform erinnert an antike Hermen, Kultmale, die ursprünglich an Flurgrenzen, Wegkreuzungen oder Landstraßen aufgestellt wurden. Die einsehbare Seitenansicht der näherstehenden gibt eine schemenhafte Frauengestalt zu erkennen. Wenn der Besucher des ›Tal's‹ nach zwei Dritteln seines Rundgangs das „Haus für August Sander" hinter sich läßt und an der Arbeit von Bogomir Ecker vorbei einen kleinen Pfad weitergeht, trifft er recht unvermittelt auf eine Art Plateau und steht plötzlich einer der beiden Skulpturen direkt gegenüber. Dem Ankommenden begegnet sie im Dreiviertelprofil und zeigt die Silhouette eines Mannes, der ein Buch in der Hand hält. Da die Gestalt allein durch ihre vordere Umrißlinie bezeichnet wird, wirkt die Abbildung wie ein graphischer Entwurf, der sie aus dem rückwärts geschlossenen Pfeiler herauslöst. Der Beton, aus dem die Arbeit gefertigt ist, erzeugt eine glatte hermetische Oberfläche. Entsprechend der nicht gestalteten Rückfront erwartet der Betrachter, daß nun eine frontal ausgerichtete Schauseite folgt, eine Hauptansicht, in der sich die flache Seitenansicht räumlich konkretisiert. Die Annahme, hier einer dargestellten Person gegenüberzutreten, erweist sich jedoch als voreilig. Das Relief, das sich aus den Konturlinien des Seitenaufrisses heraus entwickelt, gewinnt keinerlei rundplastische Form. Die Vorderansicht bleibt somit seltsam unbestimmt. Geht man weiter um die Statue herum, sorgt die zweite Seitenansicht für einen neuen Aspekt. Der Stein zeigt nun das Profil einer Frauenfigur.

Marin Kasimir spielt mit dem traditionellen Thema des Figurenstandbilds und abhängig hiervon mit den Erwartungen des Betrachters. Stände diese „moderne Herme", die weder eine Gruppe noch eine Einzelfigur darstellt, die gleich einem Vexierbild im Umschreiten ihr Gesicht verändert, in einem neutralen Ausstellungsraum, würde sich ihre Aussagekraft – sieht man von der abbildenden Information einmal ab – wahrscheinlich ganz auf einen ästhetischen Diskurs konzentrieren. Das, was sie einzeln vorführt, sind Kategorien, derer sich jahrhundertelang die Bildhauerei bediente, um in ihrem Zusammenwirken die Vision eines lebendigen Körpers zu schaffen. Die vier Seiten der Skulptur isolieren nicht nur vier verschiedene Ansichten und lösen somit die Mehransichtigkeit einer Figur in eine tatsächliche Vielansichtigkeit auf, sie fungieren gleichzeitig auch als Ausdrucksträger verschiedener Grundkategorien. Die als Pfeiler belassene Rückseite zeigt lediglich Volumen und Masse, auf den Seiten erscheint als Flächenprojektion die figürliche Gestalt, während die Vorderansicht eine plastische Oberfläche präsentiert. Die Auflösung der figürlichen Geschlossenheit wird verbunden mit einer Trennung der bildhauerischen Wirkungsformen.

›Im Tal‹ inmitten ihrer konkreten landschaftlichen Umgebung bleibt diese ästhetische Reflexion ein mögliches Thema der Skulptur, die unmittelbare Wirkung des „vielseitigen" Standbilds zielt auf die räumliche Orientierung des Betrachters. Im Gegensatz zu einer homogenen figürlichen Außenplastik, die selbst dann, wenn sie den Betrachter zur Bewegung auffordert, als integrative Einheit die Wahrnehmung bündelt, herrscht hier der Eindruck des Disparaten, der durch die Gestaltung des Plateaus noch verstärkt wird. Als scheinbar souveränes

Denkmal beherrscht die Skulptur ein mit Eiben eingefaßtes kreisförmiges Areal. Doch das, was sich in dem Rund aufeinander beziehen müßte, beachtet genausowenig die Regeln solch einer Platzanlage, wie sich die einzelnen Aspekte der Skulptur zu einer anschaulichen Einheit zusammenfügen. Die Skulptur steht exzentrisch und nimmt daher innerhalb der Grundfläche keinen idealen Standpunkt ein. Die aufgestellte Steinbank, die mit ihren Kugelfüßen barocke Formen zitiert, richtet sich auf keine ihrer Ansichten, sie steht weder axial zur Vorderansicht noch reicht sie weit genug, um von ihr aus eine der beiden Profilfiguren zu überschauen. Die Funktionslosigkeit des vermeintlichen Ruheortes erhöht die Rastlosigkeit des Vorbeikommenden, dem sich die Gesamterscheinung nur durch eine sukzessive Auseinandersetzung mit Einzelaspekten erschließt. Er kann sich entweder mit der Männerfigur oder mit der Frauenfigur in Beziehung setzen, niemals mit beiden gleichzeitig. Obwohl deutlich erkennbar ist daß die beiderseitigen Profillinien im Relief der Vorderansicht ineinanderfließen, ergibt sich aus dieser Synthese eine unbestimmte, anonyme Gestalt, die keinerlei Verbindung herstellt. Gänzlich unabhängig von den seitlichen Darstellungen besitzt ihre seltsame Unergründlichkeit etwas von der Suggestionskraft einer fremdländischen Kultfigur. Durch die Vereinzelung der Ansichten verliert der Platz die Funktion eines intimen Aufenthaltsortes, der sich auf die gesammelte Anschauung eines Denkmals ausrichtet. Der offene Charakter des umschlossenen Platzes wird ebenso dadurch manifestiert, daß er sich als Ausgangspunkt für außerhalb liegende Blickpunkte eignet. Der wichtigste Punkt ist sicher die zweite Skulptur des Ensembles, die der ersten höherstehenden vom Aufbau her genau gleicht. Während man die Eingegrenzte aus der Nähe betrachtet, kann die andere, die im Vergleich zu jener einsam und ungeschützt am Schneisenrand steht nur aus der Distanz beäugt werden. Nahsicht und Fernsicht werden auf exemplarische Weise alterniert. Der Blick vom Plateau trifft wieder auf eine Dreiviertelansicht, die einsehbare Seitenansicht zeigt diesmal einen Männerakt ohne anekdotische Details. Aus der Entfernung wird sogar eine punktuelle Zusammenschau der getrennten Profilfiguren möglich. Es stellt sich ein anamorphotischer Effekt ein, wenn der Männerakt über die im Relief der Vorderansicht stattfindende Verwandlung sichtbar in eine weibliche Profillinie übergeht. Der ideale Standort für diese Sicht ist nicht gesondert gekennzeichnet er ist ein möglicher unter vielen. Von der Steinbank selbst hat man z.B. einen freien Durchblick bis zur Anhöhe, auf der die eisernen Stämme von Erwin Wortelkamp aufragen. Rückwärts gewandt sieht man die farbigen Stangen von Lutz Fritsch, die den „Einstieg" markieren. Nicht nur die Skulptur verlangt durch ihre Vielansichtigkeit nach einer umseitigen Orientierung, auch der Platz scheint für gestreute Ausblicke geeignet. Da keine Hauptansicht oder vorgegebene Sichtachse den Blick kanalisiert, wird die landschaftliche Umgebung nicht als Kulisse festgelegter Ausschnitte, sondern umfassend wahrgenommen. Die nicht umgrenzte Version entfaltet ihre Vielseitigkeit in der Distanz. Sie beschränkt sich nicht auf ihre Ansicht vom Plateau aus, sie taucht, wenn man den Ort am Rand der Schneise bereits verlassen hat, als Blickpunkt immer wieder auf. Neben der anfangs erwähnten Sicht auf das untere Frauenprofil, wenn man den Rundgang beginnt, kann man schließlich von der Anhöhe aus die andere Seite mit der männlichen Figur und von Götz Stöckmanns „Labyrinth" aus die Rückseite sehen.

Die Arbeit von Marin Kasimir stellt sich im Hinblick auf die Entwicklung von Landschaftsgärten als zeitgenössischer Beitrag dar, obwohl sie bewußt mit Versatzstücken arbeitet, die auf historische Kontexte anspielen. Antike Statuen, figürliche Denkmäler, kreisförmig gestaltete Plätze, all das erinnert an klassische Landschaftsgärten,

in denen der Besucher bestimmte Standorte mit festgelegten Blickachsen bzw. Bildfolgen zugewiesen bekommt, damit er das Mobiliar des Gartens aus der richtigen Sicht und Stimmung heraus erlebt. Auf der Suche nach solchen Ordnungsstrukturen kann das Ensemble von Marin Kasimir ganz bewußt als offene Situation erfahren werden, in der man sich selbständig orientieren und zu seiner Umgebung in Beziehung setzen muß. Die Vielzahl verschiedener Ansichten und möglicher Ausblicke erfordert immer wieder andere Standorte des Betrachters. Gleichermaßen entziehen sich die Skulpturen einem inhaltlichen Zugriff. Sie repräsentieren keine festgelegte Idee, sie bilden eine Projektionsfläche für unterschiedliche Anschauungen. Die typenhafte Zeitlosigkeit der schematisch angelegten Profilfiguren verlangt zunächst keine historische Einordnung und bietet daher Identifikationsmöglichkeiten für jedermann/frau. Thematisch wird die Koexistenz der Geschlechter. Sie oszilliert zwischen einer klaren Trennung von Mann und Frau, die sich in der Vereinzelung der Ansichten manifestiert, und einer momenthaften Auflösung der biologischen Unterschiede, wenn eine androgyne Verschmelzung der Körperformen sichtbar wird. So wie der Habitus der Aktfiguren, die ihren Kopf inmitten der Natur entrückt nach oben strecken, an spätromantische Stimmungsbilder erinnert, findet der „gebildete" Betrachter so manche bildhafte Anspielung, die historische Assoziationen wachruft. Nicht zuletzt gereichen die Skulpturen selbst zum Gegenstand einer ästhetischen Reflexion. In diesem Sinne hält die Arbeit von Marin Kasimir, obwohl sie von der Organisation des Raums her der Tradition eine moderne Fassung entgegensetzt, an dem Bildungsanspruch der Landschaftsgärten des 18. Jahrhunderts fest. Die Figur des Lesenden läßt sich als eine Art Einstimmung auf diesen Anspruch deuten.

Dagmar Schmidt

Kazuo **Katase**

*1947 in Shizuoka (Jap); lebt in Kassel

Bildstock (dem namenlosen Gott)

1987

1875–200 / 50–100 / 4000 cm
Ziegelmauerwerk, Betonguß

– Sich sehend im Gesehenen verlieren –
erscheint nicht von dort,
von der Weite des Blaus,
Beschränkung in Körper und Plastik?
Erscheint nicht von hier
die Leere,
als wahre, lang entbehrte Behausung?

Geht man den Weg das ›Tal‹ entlang, von Süden nach Norden, öffnet sich hinter einem kleinen Wald die Weite der Felder. Zur Linken in der Senke fließt der Bach, zur Rechten steigt eine Böschung. Schon aus der Ferne bemerkt der Wanderer hinter einer der zahlreichen Hügelkuppen den Vorsprung einer steinernen Plastik. Mit ihrer oberen Kante nimmt sie die Linien der Landschaft auf und legt sich zugleich dem Verlauf des Tales entgegen. Näherkommend erkennt man ihren gemauerten Sockel aus Ziegelwerk, auf dem ein langgestreckter Körper aus Beton ruht.
Die eindrucksvolle Masse der Plastik und die Rätselhaftigkeit ihres Äußeren lösen sich von der Schmalseite her auf. Von dort aus erinnert der Umriß des Betonkörpers an die vereinfachte Front eines Hauses. In ihrer Mitte deutet eine kleine giebelförmige Nische Einblick und Ort dessen an, was in dieser Behausung bewahrt wird.
Blickt man hinein, zeigt sich nichts. Die leere Öffnung setzt sich in einem ansteigenden Schacht durch den Beton fort. Ein Blick, und das Auge hat den engen Gang durchmessen. An seinem Ende zeigt sich, gerahmt von der schmalen Silhouette der giebelförmigen Öffnung, ein Bild vom Himmel, ein Bild von ziehenden Wolken und Vögeln, die aus den Feldern steigen.

Kommt der Vorübergehende von der anderen, der höhergelegenen Seite an die Plastik heran, wird sein Blick nach unten auf die Erde gerichtet. Eingebettet in Grün spielt das Licht auf der Oberfläche des Wassers. Anstelle der offenen Weite des Himmels füllt die Nähe der vielgestaltigen Natur das Blickfeld. Aber wieder faßt das Auge nichts Bestimmtes. Das gesehene Bild erscheint gerade in seiner Ausschnitthaftigkeit über seine Begrenzung fortsetzbar.

Kazuo Katase nennt seine Arbeit: „Bildstock (dem namenlosen Gott)". Bildstöcke, wie man ihnen als aufrechte Wegmarken in der Landschaft begegnet, befinden sich meist an ausgezeichneten Orten. Mit Darstellungen der Heilsgeschichte oder des Gekreuzigten bieten sie Anlaß zu Gebet und demütigem Eingedenken. Hier aber fügt sich eine nach außen verschlossene, im Inneren leere Plastik flach in die Weite des Tals ein. Ihre Form erinnert ebenso an fernöstliche Schreinarchitekturen wie an Vertrautes, an einen Sarg oder ein Krematorium, Zeichen für Sterben und Auflösung. Doch die plastische Gestalt verändert sich in ihrem Verlauf. Dem Tal zugewandt, lagert sie in der Breite und steigt dem Berg zu, sich nach oben verjüngend, an. Sie vollzieht eine transzendierende Gebärde, die Erde und Himmel verbindet.

Innehaltend wird der Wanderer in diesen Vorgang einbezogen. Auf der Erde stehend, hebt sich sein Blick zum Himmel, von oben fällt er auf die Erde zurück. So erweist sich die aus Stein gemauerte und in Beton gegossene Plastik als Medium, das Auge zu lenken. Der schmale Schacht richtet und konzentriert den Blick. Die vertraute Umgebung erscheint durch den hohlen Gang entfernt und zugleich in ihrem eigentlichen Wesen offenbar. Denn sehend, durch die Leere, läßt der Betrachter seinen Körper hinter sich, verbindet sich mit dem Erschauten, löst sich auf, wird selber Teil desselben.

Die Plastik ereignet sich im Bewußtsein, in der Erfahrung der Allgegenwart und Geistigkeit der Schöpfung. An die Stelle eines göttlichen Standbilds tritt die transzendierende Kraft des Auges.

Marietta Johanna Schürholz

Thomas **Lehnerer**

*1955 in München; †1995 in München

Armer Mensch

1988

26 / 10 / 4 cm
Bronze

Höhe des Eisenstabs 93 cm

Die Bronzeplastik „Armer Mensch" von Thomas Lehnerer im ›Tal‹ provoziert in ihrem überraschenden Auftauchen am Ende eines schmalen Pfads die Reflexion von Standort und Weg. Beides ist für das Verhältnis der Plastik zur umgebenden Natur maßgeblich und begründet die spezifische Atmosphäre am Ort. Vorherrschend hier ist eine meditative Stille, auf die der hinführende Weg des ehemaligen Mühlengrabens vorbereitet. Zudem bestimmend ist eine große Eiche, die sich am Wegrand oberhalb des tiefer gelegenen Tals gegen die Weite der Landschaft abhebt. Vor ihrem Stamm ist die Plastik plaziert. Es handelt sich dabei um eine kleine, auf einem Metallstab aufgesockelte Bronzefigur. Ihr anonymes Erscheinungsbild hängt mit der nicht ins Detail gehenden Formulierung der Gesichtszüge sowie der Gliedmaßen zusammen. Die bewegte Oberflächenstruktur – im Licht-Schatten-Spiel an Werke von Auguste Rodin, Antoine Bourdelle und Alberto Giacometti erinnernd – bildet lebendige Kontraste zur Leere der angedeuteten Augenhöhlen. Insgesamt erscheint das Werk in seiner Körperlichkeit geschlossen; raumgreifende Gesten gibt es nicht.

Um so deutlicher ist die Präsenz des Statischen und in sich Ruhenden. Ähnlich dem Monument, und gleichsam in Umkehrung seiner traditionellen Größendimension, entwickelt die Figur ein Potential der Erinnerung und Mahnung; in Bronze verkörpert, weist es auf den Menschen in seiner leiblichen Existenz und betrifft darin unmittelbar: Der eigene Leib wird als Möglichkeit und Grenze des Lebens bewußt. So erscheint die Bronzefigur wie ein Spiegelbild, an dem der Betrachter sich am Ende eines Weges erkennt. Als Gegenüber bringt sie ihm seine körperliche Bedingtheit zwischen Leben und Tod vor Augen, ohne wirklich lebendiger Körper oder tatsächliches Skelett zu sein. Vielmehr ist im Erscheinungsbild des „Armen Menschen" die Ambivalenz der Anspielung materialisiert, nicht einzig und allein um Eindeutigkeit zu vermeiden, wohl aber um im letztlich Vieldeutigen das Wesen menschlicher Existenz zu entdecken. Daraus resultiert der zugleich demütige und triumphierende Charakter des Werks, dem der Betrachter mit Ehrfurcht und Hinnahme begegnet.

Daß die Figur zudem auf einer Metallplatte steht, erhöht den Präsentationscharakter des Veranschaulichten: Der

„Arme Mensch" ist unmißverständliches Beispiel seiner Art. Und in dem Maße er vorgeführt wird, im gleichen Maße widerspricht er durch Entzug seiner körperlichen Präsenz: Die schrundige Oberfläche der Bronze ähnelt dem borkigen Eichenstamm in einer Art, daß Figur und Baum optisch miteinander verschmelzen; die Materialität der Figur droht sich zu verlieren. Eine Rückkehr des Körperlichen ins Elementare der Natur ist angedeutet. Dennoch unterscheidet sich die Bronze gerade auch aufgrund ihrer Stofflichkeit wesentlich von der umgebenden Natur und bewahrt darin eine, wenn auch anonyme Identität. Anders formuliert könnte man sagen, daß die Gestalt zwar wie ein der Natur Zugehöriges erscheint, nicht aber ein mit ihr Identisches ist und dem Betrachter insofern als Anderes der Natur begegnet. Auch die geringe Größe der Bronze wirkt in diesem Sinne: Durch Verzicht auf den großen Maßstab ist dominantes Verhalten gegenüber Natur und Betrachter ausgeschlossen. Als der Umgebung vielmehr eingepaßt wird die Figur zur Kreatur: Nicht wirklich menschlich ist ihr Bild, und ebensowenig ist sie Tier oder Pflanze. Aber sie hat jene ausdrucksintensive Elementarität, die sie gleichermaßen als Lebewesen und Teil der Natur auszeichnet.

Darüber hinaus kann der kleine Maßstab auch als Anspielung darauf verstanden werden, was der Betrachter wenige Schritte nach Verlassen des Ortes am eigenen Leib verspürt. Angesichts der sich rechterhand öffnenden landschaftlichen Weite werden Individualität und Körpermaß empfindsam gering. Eine Relativierung eigener Bedeutsamkeit setzt ein, die Emotion und Intellekt in gleicher Weise betrifft. So erkennt der Betrachter im Rückblick auf Weg und Ort in der Bronzeplastik von Thomas Lehnerer ein Wegemal, das die eigene Befindlichkeit in Natur und Landschaft thematisiert und darin die Präsenz des Existentiellen entwickelt.

Claudia Posca

Wolfgang **Luy**

*1949 in Trier; lebt in Düsseldorf und Offenbach

Ohne Titel

1990/91

Platz, kreisförmig Ø 1450 / 1250 cm
Brüstung 120 / 270 / 15,5 – 8 cm
Korb 40 / Ø 45 cm
Stufen je 13 / 36 / 140 cm
Hecken, Bruchsteine,
Eisen verzinkt, Bronze

„Aus einem Sklaven der Natur, solange er sie bloß empfindet, wird der Mensch ihr Gesetzgeber, sobald er sie denkt. Die ihn vordem nur als Macht beherrschte, steht jetzt als Objekt vor seinem richtenden Blick." [1]

Wolfgang Luy ist an den vielfältigen Dimensionen von Natur interessiert. Ihnen nähert er sich, sie aus den verschiedensten Blickwinkeln umkreisend, an. Dabei stellt er, den Standpunkt reflexiver Distanz einnehmend, präzise Fragen. Sie thematisieren die Praxis der Kunst und den zeitgenössischen Umgang mit Natur, sowie das Verständnis beider in Beziehung zum handelnden Individuum und zur Gesellschaft. Er arbeitet mit ineinandergreifenden prozessualen Gleichungen und Gleichnissen.

Die Natur als Bild. Das Bild der Natur. „Schön ist ein Naturprodukt, wenn es in seiner Kunstmäßigkeit frei erscheint. Schön ist ein Kunstprodukt, wenn es ein Naturprodukt frei darstellt."[2]
Die gleichwohl aufklärerischen wie idealistischen Überlegungen Friedrich Schillers sind zu einer Zeit angestellt worden, in der bereits das Selbstverständnis des Menschen, ursächlicher Teil der Natur zu sein, verloren gegangen war und die objektivierende Naturerforschung die subjektive Naturerfahrung abzulösen begonnen hatte.

Übertragen auf die Arbeit von Wolfgang Luy besitzen sie nach wie vor ihre Gültigkeit. Die Kunst als Vermittlerin zwischen der Vorstellung von Natur und dem direkten, sinnlichen Erleben in und an ihr.

Lange hat die Landschaftsmalerei den Gegenpol zur – Freiheit verheißenden, dabei den Verlust von Identität nach sich ziehenden – Verdinglichung und Aneignung von Natur gebildet. Ideal, romantisch oder realistisch, in jedem Fall aber ist sie nur visuell ästhetisch vergegenwärtigt worden. Luy jedoch schafft einen wirklichen Ort in der Natur und mit der Natur. Er stellt nicht bloß dar, sondern läßt eine von ihm gewählte und bis zu einem gewissen Grad mit skulpturalen Mitteln vorformulierte, inszenierte Situation sich entwickeln. Der Ausgang aber ist offen und hängt von Faktoren ab, die dem Zugriff des Künstlers entzogen sind.

Der höchste Punkt des zum ›Tal‹ gehörenden Geländes zeichnet sich bereits durch besondere Gegebenheiten aus, die natürlich wie künstlich sind. Da gibt es einen alleinstehenden, von weitem sichtbaren alten Baum und einen Durchfahrtsweg. Beide integriert und involviert Wolfgang Luy symbolhaft in seine Arbeit. Gedanklich wie formal sind sie Schlüsselelemente, an deren Bedeutungen Luy anschließt und um die er im wahrsten Sinne des Wortes Kreisfiguren legt. Dieselben sind real und imaginär und durchdringen sich mit ihren jeweils anders gelagerten Zentren und Achsen gegenseitig. Das Kunstwerk ist kaum als solches auszumachen, will als dieses allein auch nicht verstanden werden. Vielmehr liefert es Angebote, die den Betrachter zum Akteur werden lassen. Er wird, ohne es möglicherweise vorerst zu bemerken, zum ebenfalls thematisierten Bestandteil der Skulptur. Diese ist als ein Platz mit unterschiedlichen Bedingungen und Erlebnishorizonten ausgewiesen. Die Möglichkeit, auf die plastischen Denkvorgaben zu reagieren, sie aufzugreifen, weiterzuspinnen und auf sich bezogen zu erfahren, steht jedem frei.

Einladend winkt der Bereich um den Baum, der teilweise von einem kurzen, bogenförmigen Metallgeländer eingefaßt wird. Verführerisch könnte sein Codewort „in Ruhe verweilen, die Aussicht genießen" lauten, würde es sich nicht im selben Augenblick wieder zurücknehmen. Denn gerade die artifiziell trennende wie verbindende Zäsur inmitten der Natur bewirkt ein Innehalten im Akt des sich Hingebens an die Landschaft, im Akt des in sich Aufnehmens der Landschaft. Sie läßt den Betrachter zur Staffagefigur eines Bildes werden, der seinerseits ein Bild betrachtet. Ihm wird der Part des sich nach Ursprünglichkeit sehnenden und Einheit mit den Kräften der Natur suchenden Städters und intellektuellen Kunstliebhabers zugespielt, der aufgeladen mit Vorstellungen und Erwartungen die Szenerie betritt. Der erhabene, pittoreske Punkt und der auf Pittoreskes gelenkte Blick gerinnen ebenso zu Metaphern, wie die wilde, sich frei entfaltende Natur, die sich beim Überdenken des Sachverhaltes wiederum als Klischee entpuppt. Vom Menschen gestaltet, geformt und hinsichtlich seiner Zwecke bearbeitet, tritt sie uns als gezähmte Landschaft, als kulturelles Produkt entgegen.

Den Betrachter abermals einen anderen Standpunkt einnehmen lassend, steht auf der gegenüberliegenden Seite des Weges, der den ansonsten mit Natursteinen bepflasterten Platz kreuzt, ein bronzener Korb voller Früchte und Blätter aus Bronze – wie zufällig abgestellt, vergessen. Ein industriell gefertigtes, die Natur nachahmendes Stilleben, das Lebendiges einfriert. Es ist ein Bild, das über die Imitation von Realität berichtet. Als solches verweist es nicht nur auf die durch Handeln erwirkte Normalität und Autonomie der Dingwelt, sondern darüber hinaus auf die Tatsache, daß Naturprozesse jeglicher Art – von der Pflanze bis zum Menschen – bereits technisch reproduzierbar sind.

Daß vor diesem sich bewußt zu machenden Hintergrund ein zeitgemäßes, direktes Gespräch zwischen Mensch und Natur aufgenommen werden kann, schließt Wolfgang Luy nicht aus. Vielmehr fordert er etwas heraus, das, mit seelischer Erlebensqualität umschrieben, die Begegnung mit Natur wie mit Kunst für den Menschen beherbergen kann. Dieses Etwas geht über Sentimentalität und touristischen Erholungswert von Landschaft ebenso weit hinaus, wie über ein ästhetisches Vergnügen. Entwickeln kann es sich allerdings erst aus einem reflektierten Mit- und nicht aus einem Gegeneinander.

Drei künstlich angelegte Hecken, die auch künftig hin überschaubar bleiben werden, begrenzen im Verein mit natürlichem Bewuchs den Platz. Gemeinsam formen sie die Skulptur und ihren schützenden Raum. Er ist von der Institution Kunst alleine kaum mehr zu vereinnahmen. Denn die Arbeit knüpft Verbindungen und stellt vernetzende Beziehungen zwischen verschiedenen Disziplinen und Kontexten her. Die Kunst ist ein Teil davon. Sie ist kein Störfaktor des ökologischen Systems, sondern dieses wird als ein steten Veränderungen unterliegendes Material der Gestaltung mit benutzt. So setzt sich Wolfgang Luys Platz aus vielen Elementen und Versatzstücken zusammen. Analogien und zugleich Realien der Prozesse von Formwerdung und Wachstum, der Bedingungen, die Zivilisation und Natur entstehen lassen, der Vorstrukturierung von Blicken und Haltungen.

Was der Künstler bislang in zahlreichen skulpturalen Modellen gedanklich niedergelegt hat, ist hier im ›Tal‹ verwirklicht. Entschieden präsentiert sich der geschlossene, wie offene, sich absetzende, wie intervenierende Ort als Ort des Verweilens und Besinnens, des Empfindens und Erfahrens, des Durchmessens und Durchschreitens. – Trotz und gerade wegen seines Ausgewiesenseins als ein auf der Idealform des Kreises basierenden Konstruktes. Eines Konstruktes, das es uns möglicherweise erlaubt, kosmische Gesetzmäßigkeiten und Ordnungen als Grundlage des Lebens begreifen zu können. – Eine irreale Gegenwelt zur elektronischen Wirklichkeit.

Beate Ermacora

1 Friedrich Schiller: Über das Schöne und die Kunst. Schriften zur Ästhetik. München 1975 (5. Aufl.) 1984, S. 214.

2 Ebda., S. 37.

Ansgar **Nierhoff**

*1941 in Meschede; lebt in Köln

Beziehungen gegen Bedingungen

Zwei Streckungen über (eine) Achse
auf fremdem Gebiet, 1987

Zwei geschmiedete, gegenläufige Streckungen, mittig abgesetzt.
Höhe 4050, Durchmesser bzw. Quadrat 16/20 cm
Stahl

„Skepsis ist die Kunst, auf alle mögliche Weise erscheinende und gedachte Dinge einander entgegenzusetzen, von da aus wir wegen der Gleichwertigkeit der entgegengesetzten Sachen und Argumente zuerst zur Zurückhaltung, danach zur Seelenruhe gelangen."
(Sextus Empiricus, 200–250 n.Chr.)

Das Wort „Skepsis" (im heutigen Sprachgebrauch „Zweifel, Bedenken auf Grund sorgfältiger Überlegung") hat seine Wurzel im Griechischen und geht auf die Bezeichnung der Tätigkeit des Schauens, Spähens und Beobachtens („skeptesthai") zurück.[1]

Die zweiteilige Skulptur „Beziehungen gegen Bedingungen" von Ansgar Nierhoff fügt sich in die Niederung des weitläufigen und nur auf Hügelhöhe ansteigenden Geländes des Hasselbacher/Werkhausener Tals. Die beiden Eisenstelen erheben nicht den Anspruch, von weither sichtbare Landmarken zu sein. Die örtliche Situation kann von dem umherwandernden Besucher erst allmählich visuell und räumlich erschlossen werden. Verdichten sich in der Senke die Linien der mit Holzpflöcken umgrenzten Wiesen noch zu einem aus der Ferne kaum entwirrbaren Grenzdurcheinander, so klären sich die Verhältnisse bei näherem Hinsehen:

Die Wiesen stoßen hier im Talgrund als arithmetisch unregelmäßige Flächen aneinander. Für den Ort der Skulptur ergibt sich die besondere Situation eines spitzwinklig auslaufenden Feldendes, das sich wie ein Keil zwischen zwei weitere Grundstücke schiebt. Zum Zeitpunkt des Entwurfs der Plastik war dieses Zipfelchen Erde noch nicht in das Territorium ›im Tal‹ eingegliedert, es stellte de facto „fremdes Gebiet" dar. Dieser äußere Anlaß lieferte dem Bildhauer eine der Bedingungen für seine Arbeit: Zwei massive Eisenelemente sind in den Winkeln der jeweils benachbarten Felder so aufgestellt, daß sich zwischen zwei Polen eine imaginäre Achse über das nicht zugehörige Areal bildet. Die Beziehung (Achse), überbrückt die vorgegebene Bedingung (Parzellenform).

Beziehungen sind nicht nur an der Wahl der Aufstellungsorte ablesbar, sondern auch an der Form der Werkstücke. An den Stelen selbst und ihrem Verhältnis zueinander ist ein sich konträr ergänzender Formenkanon entwickelt: Eine der Streckungen geht vom zylindrischen Werkstück einer massiven Welle aus, die auf halber Länge zu einem Pfeiler mit quadratischem Querschnitt geschmiedet ist. Das Pendant ist aus einer quadratischen Bramme entwickelt, die von einer mittleren Absetzung aus in der oberen Hälfte eine säulenförmige, runde Form annimmt. Die zwei fertigen Werkstücke sind schließlich gegengleich aufgestellt, so daß sich nicht nur im einzelnen Element, sondern über die räumliche Entfernung hinweg Säulen- und Pfeilerschaftstücke komplementär entsprechen. Nierhoff geht auch in dieser Plastik[2] von seiner bildhauerischen Idee des „Potentials" aus: Eine Form ist als Möglichkeitsform in einer anderen denkbar. Die an der Oberfläche des Materials nachvollziehbaren Schmiedeschläge lassen am einzelnen Stück den Arbeitsvorgang deutlich werden: Der Prozeß, wie aus einer Form eine andere werden kann, ist als zeitliches Geschehen in den einzelnen Hieben erstarrt und zeigt als „Bild" die Idee einer potentiellen Veränderbarkeit.

Der objektiven, technischen Beschreibung der Werkstücke und ihrer Aufstellung steht die individuelle Wahrnehmung des Menschen gegenüber. Dadurch, daß der Betrachter beide Stücke nicht direkt nebeneinander sehen kann, sind präzise Form- und Maßstabsvergleiche innerhalb der Arbeit erschwert. Die Vorstellung, wie eine Form möglicherweise aus dem Volumen einer anderen entwickelt werden kann, und wie sie sich zu ihrer gegensätzlichen Ausprägung, der jeweils anderen Streckung verhält, kann gedanklich nachvollzogen werden.

Beide Streckungen befinden sich im Gelände auf absolut gleichem Niveau. Der Vergleich beider Stelen muß wegen ihrer räumlichen Entfernung aber immer subjektiv ausfallen: Die perspektivische Verkürzung läßt die weiter entfernt stehende Streckung optisch kleiner wirken, auch wenn identische Höhe und Aufstellung bekannt sind. Bei der Betrachtung einer Stele wird die an der anderen gewonnene Erfahrung erinnert und die momentane Wahrnehmung durch das Wissen der vorab gemachten Kenntnisse angereichert.
„Beziehungen und Bedingungen" ergeben sich nicht allein werkimmanent zwischen Form- und Raumbezügen beider Streckungen, sondern auch zwischen Werk und Betrachter. Die formal vom Künstler vorgegebenen Tatsachen und Entsprechungen regen die Wahrnehmung des Betrachters an, er macht räumliche und zeitliche Erfahrungen, indem er von einem Element zum anderen

geht, Korrespondenzen entdeckt und Erscheinungen gedanklich ergänzt. Er reflektiert die vom Künstler geschaffene Situation und setzt diese in Bezug zu seinem Körper. Die Höhe der jeweiligen Absetzung von runder zu eckiger Form entspricht einer gefühlsmäßigen menschlichen Größe. Der Rezipient wird sich selbst als mobiles Element in einer polaren Situation bewußt. Durch die eigene Wahrnehmung und die subjektive Sichtweise (unterschiedliche Standorte) werden tatsächlich vorhandene und erlebte Beziehungen relativ, es ergibt sich ein „Umschlagen der Wahrnehmungen"[3], vermeintlich sicher Geglaubtes wird anzweifelbar, rational Dargestelltes irrational. Keine Beziehung ist mehr konstant, die Bedingungen sind nunmehr auf den menschlichen Körper bezogen und nicht allein formal und werkimmanent. Der Mensch erfährt sich als Teil einer Gegebenheit, er ist Teil der Welt, die sich ihm in unterschiedlichen Relationen darbietet und erklärt.

Wie vom Künstler schon sehr früh geäußert, geht es ihm in seinen Arbeiten um „Beziehungen zwischen Bezeichnungen und dem (Bedeutungs-)Umraum"[4]. Ansgar Nierhoff erschafft durch seine Setzungen (die beiden Eisenstreckungen) einen Ort in der Landschaft und macht diese erfahrbar. Dabei geht er sehr vorsichtig vor: „Man kann/darf nicht gegen Landschaft angehen."[5] Geschärft im Sehen und in der Wahrnehmung betrachtet der Mensch nicht nur den Ort der Skulptur; in der Talsenke stehend wird das bezeichnete Gebiet zum erfahrbaren Mittelpunkt, der geradezu einlädt, rundum in die Landschaft zu spähen. Vollkommen neue Landschaftserlebnisse bieten sich dem Blick an: Die Sicht nach Süden orientiert sich an den beiden Stelen, ferne Bergrücken umfangen die künstliche Form. Eine weiter weg liegende, bewaldete Kuppe wird optisch als korrespondierende Fläche zur Eisenstreckung gelesen; es ergibt sich ein Spiel von flächig wahrgenommenen Hügelformen, die Landschaft schrumpft auf Papiertheaterräumlichkeit. Mit jedem Schritt des Betrachters ändert sich die Szenerie. Eine der Eisensetzungen stößt gar aus der Kontur der Landschaft hinaus, das obere, runde Eisenstück scheint sich himmelwärts zu schrauben, während das Pendant der anderen Stele von der Last des oberen Pfeilerstücks in den Boden gerammt scheint. Man meint, Bewegung zu verspüren – und weiß doch: beide Streckungen gleichen sich in Maß, Proportion und statischer Aufstellung.

Wie anders präsentiert sich beim Herumlaufen der Blick in die entgegengesetzte Himmelsrichtung, zur kleinen Landstraße hin: Die perspektivische Verkürzung der hinteren Stele scheint extrem, aber die jeweiligen mittleren Absetzungen bilden überraschenderweise ein Niveau. Die waagerechte Achse zwischen beiden ist leicht assoziierbar und läßt an Horizont denken, an eine Gerade, die Himmel und Erde trennt. Doch die rundum gemachten Erfahrungen, das Erleben der sich ständig ändernden und wechselseitig abhängigen Beziehung belehren den Betrachter eines Besseren: Bei der Horizontalen kann es sich nur um eine Vorstellung, ein Ideal handeln. Vorstellung und Wirklichkeit werden als nicht übereinstimmend vorgeführt.

Der „skeptische" Blick des Betrachters, sein vielfältiges Ausloten der Verbindungen zwischen tatsächlich Vorhandenem und subjektiv Wahrgenommenem führt zu keiner endgültigen Stellungnahme, keiner gesicherten Erkenntnis. Beziehungen setzten sich über Bedingungen hinweg. Die Bedingungen sind dabei so vielfältig wie die Möglichkeiten ihrer Erfahrbarkeit; räumliche oder jahreszeitliche Veränderungen messen sich an Nierhoffs Plastik ebenso wie der Mensch in seiner jeweils individuellen Verfaßtheit. Die Menge der unter den Bedingungen aufstellbaren Bezüge ist kaum bestimmbar. In dieser Menge wird auch die einzeln gemachte Erfahrung relativiert und fügt sich zu einem großen Gesamteindruck: Der Mensch findet zwischen Kunstwerk und natürlicher Landschaft seine „Seelenruhe".

Eva Meyer-Hermann

1 Vgl. Duden, Bd. 7: Das Herkunftswörterbuch. (2., erw. Aufl.), Mannheim 1989.
2 Übergreifende Betrachtungen zum Œuvre (E. Trier, L. Romain, H. Wiesler, G.-W. Költzsch, u.a.). In: Eisenzeit, Ausst.-Kat. Saarland-Museum Saarbrücken 1988.
3 Ansgar Nierhoff im Gespräch mit der Verfasserin am 7.3.1992.
4 Zit. n. Eduard Trier. In: Eisenzeit, a.a.O. Anm. 2, S. 17.
5 Siehe Anm. 3.

Norbert **Radermacher**

*1953 in Aachen; lebt in Berlin

Der Ring
1995

Ringdicke 17 cm
Außenmaß Ø 110 cm
Eisen verzinkt,
mit Blattgold belegt

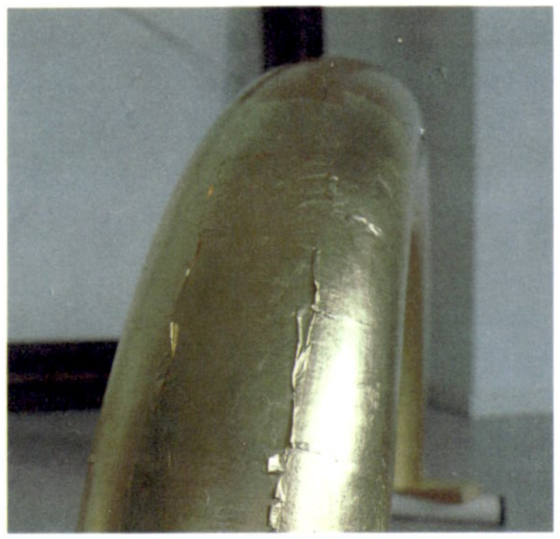

Reden ist silber...

Ich gehe, gehe durchs grüne Tal, bewege mich nördlich, flußaufwärts. An der östlichen Flanke des Tals und in seiner Nord-Süd-Erstreckung etwa auf halbem Weg treffe ich auf eine Baumgruppe, die mit einem annähernd geschlossen Kontur ein Kreissegment in die Landschaft setzt. In der Krone des zentralen Baums, einer dreistämmigen Eiche, blitzt durch das Grün der Blätter ein goldenes Etwas. Ich setze meinen Weg unterhalb der Baumgruppe fort und kann es bald als Ring bestimmen. Ein goldener Ring in der Krone einer Eiche. Dieses Bild überrascht. Es scheint vollkommen neu und dennoch fühle ich mich durch seine Poesie und Zeichenhaftigkeit zugleich erinnert. Woran?

Radermachers Arbeit ist einteilig, doch was wäre „Der Ring" ohne das Umfeld seiner Präsentation? Aus seinem Kontext isoliert wird „Der Ring" zu einem schweigsamen Objekt. Goldene Ringe sind uns in der Größe von Fingerringen vertraut. Durch den verschobenen Maßstab wird eine Verfremdung wirksam, die das Objekt aus den alltäglichen Relationen der Umgangswelt befreit und in Verbindung mit seinem landschaftlichen Kontext neue stiftet. Der Gegenstand eröffnet in Korrespondenz mit seinem unerwarteten Ort einen Spielraum für Gedanken, Vorstellungen, Erinnerungen und Empfindungen. Für Beziehungen also, die zwischen dem Betrachter und dem durch das künstlerische Objekt geschaffenen Raum liegen und „Inter-esse" erzeugen.

Der goldene Ring schmückt die Eiche und hebt sie damit aus der Vielzahl der Bäume im ›Tal‹ hervor. Ich bemerke, daß es sich um ein besonders schönes Exemplar handelt, das seine Äste kraftvoll nach außen streckt. Doch schon im nächsten Moment vermag der Vorgang des Heraushebens dieser bestimmten Eiche, die Augen für die Spezies als Ganzes zu öffnen: ins Bewußtsein gerückt werden Vitalität und Dauer der in „Jahresringen" wachsenden Art, die als im Doppelsinne „überragende" pflanzliche Lebensform Landschaften prägt. Bäume vermitteln zwischen Himmel und Erde. Durch die der Arbeit eigenen Blickführung hoch in eine von Himmel umfangene Baumkrone, findet diese Beziehung ihr Bild.

Der in seinem Maßstab auf die Größe des Baums abgestimmte Ring suggeriert seine Zugehörigkeit, die in der realen Erfahrungswelt jedoch keine Entsprechung findet.

Durch ihr ungeahntes Zusammenspiel fühlt man sich dem Ursprung von Poesie nahe, verstanden als Hervorbringen und Geschehnis und nicht als pures Machen.
Vom Ring, so im Baum hängend, geht etwas Magisches aus. Er läßt mich an Märchen denken, die ihm Zauberkraft zusprechen. Dazu gehört, daß er an seinem luftigen Ort vielleicht bislang unbemerkt, so doch als schon immer da gewesen scheint. Man möchte ihn eher als „Zeichen von oben" sehen. Wir wissen: auf die Erde gebracht, hätte er seine Aura verloren.

In unserem Kulturkreis steht der goldene Ring als Zeichen eines geschlossenen Bündnisses. Es stellt sich die Frage, was für ein Bündnis und wer es mit dem Baum eingegangen sei. Ich lese nach und stoße darauf, daß im Mittelalter bei der Übereignung von Grundstücken ein goldener Ring übergeben wurde. Der Besitzer des Rings war dann auch rechtmäßiger Eigentümer des Grundstücks, und man möchte hinzufügen der darauf stehenden Bäume. In dieser Hinsicht scheint das Eigentum an den Baum zurückgegeben. Man könnte es als Hinweis darauf nehmen, daß Bäume immer auch sich selbst gehören.

Der Ring ohne Anfang und Ende symbolisiert Zeit und ihren Kreislauf in Jahreszeiten. Ich stelle mir den Ring im Winter vor. Nun hängt er weithin sichtbar im kahlen Geäst, dabei nicht minder geheimnisvoll.
Man kann in diesem Ring eine raum-zeitliche Zentrierung des ›Tals‹ erblicken.

Auch wenn der Künstler nicht all diese Dinge im Sinn hatte, als er der Eiche einen goldenen Ring hinzufügte, so sind sie doch Teil des Konzepts, indem Radermacher hier ebenso wie in seinen für den Stadtraum entstehenden Arbeiten, Gegenstände wählt, die in zahlreichen Kulturen und Epochen präsent sind und so in unterschiedlichster Weise zum „gedanklichen Auffüllen" anregen.

Christiane Schön

James **Reineking**

*1937 in North Dakota (USA); lebt in München

TAL-Tilt

1989 (Konzept 1980)

1000 / 7000 / 50 mm
Stahl, Erde, Gras

Die Konzeption zu dieser Arbeit liegt mittlerweile über ein Jahrzehnt zurück; zur Ausführung kam das kreisrunde Bodenstück jedoch erst 1989, als James Reineking hier im ›Tal‹ einen Standort vorfand, der der Idee „TAL-Tilt" in fast idealer Weise entspricht: Das leichte Gefälle der Wiese, das Panorama des am Horizont ansteigenden Hangs und die harmonische Stimmung der umgebenden Landschaft greift die Skulptur wie einen Dreiklang auf, dem sie mit ihrer eigenen plastischen Präsenz einen klaren Grundton unterlegt.

Die Kreisform, der sich Reineking bedient, um der Topographie des Tales seine Idee gleichsam „einzuschreiben", gilt als vollkommenste der geometrischen Grundfiguren. Äußerste formale Reduktion verbindet sich im Kreis mit einer fast redundanten Klarheit auf der Symbolebene. Ohne Anfang und Ende, unaufhörlich in sich selbst übergehend, veranschaulicht der Kreis den abstrakten Begriff räumlicher und zeitlicher Unendlichkeit. Der ständige Kreislauf der Tages- und Jahreszeiten, das Werden und Vergehen, wie es sich in der unberührten Natur des Geländes kontinuierlich vollzieht, wird von der Kreisform gleichnishaft reflektiert. Doch assoziiert der Kreis, indem er das umschlossene Segment vom

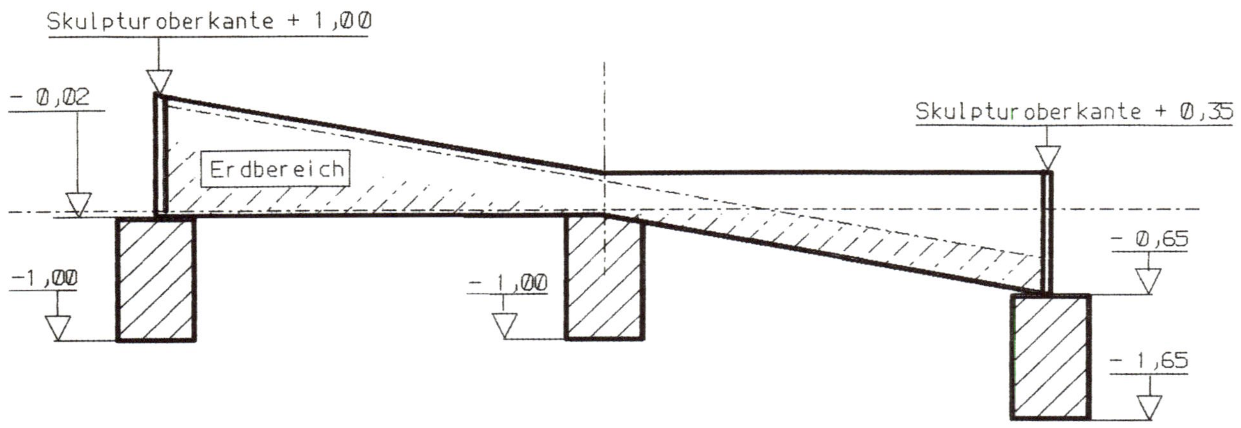

Außenraum abtrennt und isoliert, zugleich auch Vorstellungen von Begrenzung, Einfriedung, Umzingelung.

Reinekings Stahlring umfängt mit einem Durchmesser von sieben Metern ein ausgedehntes Rund des Wiesenbodens und schneidet es aus dem Rasen heraus. Dabei offenbart sich erst beim Umschreiten der Skulptur – zunächst nur teilweise – die eigentliche Gestalt der Stahlelemente, die der Künstler je viertelkreisförmig hat biegen und zum Kreis zusammenfügen lassen. Ragt nämlich die nach Süden weisende Hälfte des Rings als horizontaler, konstant 35 cm hoher Streifen aus dem Erdboden heraus, so beschreibt der nördliche, zur Hügelkette gewandte Halbkreis eine achsensymmetrisch auf einen Meter ansteigende und wieder abfallende Kurve. Die umschlossene, völlig ebene Rasenfläche hat Reineking mit Hilfe einer künstlichen Erdanschüttung bzw. -aushebung so „gekippt", daß sie exakt parallel zum Neigungswinkel der gekurvten Stahlwand von einem Meter Höhe bis auf 35 cm unter das natürliche Bodenniveau absinkt. Auch an den beiden Punkten, wo die Oberkante des Rings in die Horizontale abknickt, folgt die Neigung im Kreisinnern kontinuierlich dem vorgegebenen Gefälle. Längst hat das Gras die künstlichen Spuren des Landschaftseingriffs überwuchert, und wie selbstverständlich scheint sich die Natur in die neugeschaffene Situation einzufügen. Dort, wo die gekippte Erdscheibe ihren Tiefpunkt erreicht, offenbart ein Blick auf die Innenseite des horizontalen Halbkreises, daß dieser tief in den Erdboden hineinreicht – und zwar genauso weit, wie das umgekehrt anschließende Gegenstück daraus hervor steigt. So ergeben sich als Ausgangsformen des Bodenrings schließlich vier gleichgeschnittene Vierecke, die ihrerseits aus zwei kongruenten, diagonal zerteilten Rechtecken gewonnen wurden.

Rationalität, Logik und Kalkül prägen seit jeher Reinekings künstlerisches Denken und verleihen seinen Arbeiten innere Ordnung und Struktur. Dabei versteht der Künstler dieses allen Skulpturen immanente Regelwerk jedoch keinesfalls als Ziel, sondern als notwendiges Gerüst eines den jeweiligen berechenbaren Faktoren übergeordneten Bedeutungszusammenhangs. In „TAL-Tilt" entfaltet sich der eigentliche Sinn erst im subtilen Zusammenspiel der plastischen Konstruktion mit den natürlichen Gegebenheiten des Umraums. Das Wesen der Arbeit besteht aus ihrer unmittelbaren Affinität zum Landschaftsraum, den sie aufnimmt und begleitet, akzentuiert, fortsetzt und formt. Landschaft und Skulptur bedingen einander, ohne voneinander abhängig zu sein; vielmehr reagieren sie aufeinander in einem subtilen, von dialektischen Tönen spannungsvoll belebten Zwiegespräch.

Sabine Schütz

August **Sander**

*1892 in Herdorf; †1964 in Kuchhausen

11 Photographien

um 1920/30

17 / 23 cm
24 / 17,5 cm
30 / 22 cm
15 / 11 cm
11,5 / 15,5 cm
21 / 15,5 cm
21,5 / 29 cm

im vorderen Abbildungsteil
15 / 11 cm
22 / 27,5 cm
22 / 17,5 cm
29 / 23 cm

„... wie man Soziologie schreibt ohne zu schreiben..."

Mit diesen Worten beschrieb Alfred Doeblin die Arbeiten August Sanders in seinem Vorwort zu „Antlitz der Zeit". Die Dinge so sehen, wie sie sind, nicht wie sie sein könnten, das war die Aufgabe, die sich Sander selbst gestellt hatte. All das begann unweit von diesem ›Tal‹ 1892 in Herdorf und endete in Kuchhausen, nur wenige Kilometer von Hasselbach und Werkhausen entfernt, Anfang der 60er Jahre.

Sanders Elternhaus in Herdorf steht noch, sein letztes Domizil in Kuchhausen mußte einem Neubau Platz machen, der bis heute noch nicht entstanden ist.

Heute steht nun das „Sander-Haus" von Hanspeter Demetz in dem Landschaftsgarten von Erwin Wortelkamp. Dieses Haus ist eine Würdigung der Arbeit Sander's und zugleich eine der Menschen des Westerwaldes, die zeitlebens Mittelpunkt von Sanders Leben waren.

Nach einem Besuch von Sander's Ausstellung im Kölnischen Kunstverein im Jahre 1927 schrieb der Maler Jankel Adler die folgenden Zeilen:

„... Den stärksten Eindruck hat die Bauernmappe auf mich gemacht. Diese Mappe ist wie ein Bauernepos, wie eine mächtige Aussage über ein Geschlecht, das nach außen verschlossene Ruhe bewahrt und unter der Oberfläche menschliche und teuflische Tiefen hat. Mir kommen mein Landsmann Reymond und die Lagerlöf in den Sinn. Die äußere Struktur der Dinge und auch der Menschen sprechen eine deutliche Sprache; die des Schicksals. – Die Kamera kann diese Sprache festhalten, (das ist sehr viel) nicht deuten, die Deutung liegt beim Beschauer, deshalb hielt ich diejenigen Photographien für am besten, die die stärkste Aussage über das Stoffliche machten. Stoff ganz wörtlich genommen wo man Schuss und Kette noch sah und wenn man von Schuss und Kette bei der menschlichen Epidermis sprechen kann..."

Wie wichtig die lebenslange Verbindung zu den Menschen im Westerwald für August Sander war, wird wohl erst in den kommenden Jahren erforscht werden können – Sander selber hinterließ der Nachwelt einen unzweifelhaften Beweis. Von seinen zwischen 1910 und 1960 entstandenen Portrait-Negativen sind ca. 70% Bauernportraits.

In einem Brief an seine Tochter schrieb August Sander 1947:

„Wir müssen wieder lernen mehr zu schauen und weniger zu reden..."

Gerd Sander

Carola **Schnung-Börgerding**

*1955 in Hachenburg; lebt in Altenkirchen

Für Ulla

1986

0 / 70 – 3300 / 635 cm
70 / 800 / 360 cm
Ziegel, Granit, Basaltlava,
Buchsbaum und wechselnde Bepflanzung

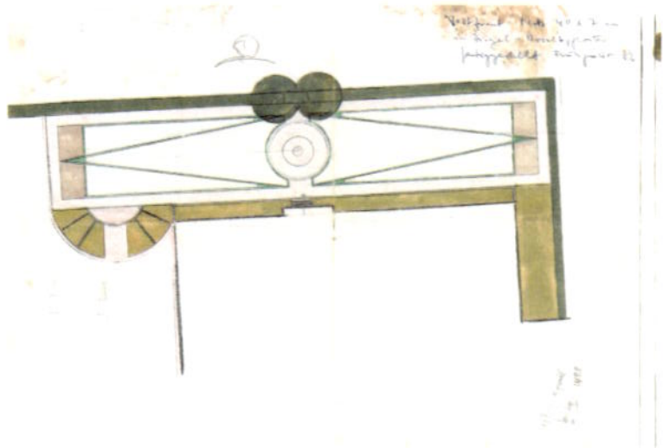

*Menschen prägen Landschaften
und Landschaften sind ihre Heimat.*

Ende des Jahres 1982 kehrte ich nach Studium und ersten Berufsjahren in meine Heimatstadt zurück, um als freischaffende Landschaftsarchitektin zu arbeiten. Die Beziehung zu Landschaft und Menschen im Westerwald waren der Grund, ausschlaggebend jedoch der Kauf eines Anwesens, das Raum bot, unsere Vorstellungen von Leben und Arbeiten zu verwirklichen. Diese Keimzelle zog nach geraumer Zeit auch den Ehemann – einen standorttreuen Südoldenburger – in den Westerwald.

Die beginnende Gestaltung unseres Terrains war Anlaß zur Begegnung mit Erwin Wortelkamp, der im Vorbeifahren entdeckt hatte, daß sich vor den Toren Altenkirchens etwas entwickelte, daß sich vom vorzufindenden Muster abhob. Dieses erste Kennenlernen war der Beginn einer Freundschaft.

Das Interesse des Bildhauers an der Gestaltung in und mit der Landschaft, die Idee des Gesamtkunstwerks, traf auf mein grundsätzliches Anliegen als Landschaftsarchitektin, heutige Landschaften unter dem Aspekt der Ästhetik – der Wahrnehmung im eigentlichen Sinne – neu zu durchdenken und zu gestalten. In der Tradition der Gartenkünstler vom Gartenhistoriker Prof. Dr. Dieter Hennebo unterrichtet, erweist sich für mich die Auseinandersetzung mit dem Thema Skulptur und Landschaft – angesichts der Alltagsarbeit im Spektrum kommunaler Auftragsarbeiten – als existentiell.

Wesentliche Erfahrung ist, daß die Grundzüge der Gestaltung klassischer Landschaftsgärten und Parklandschaften anwendbar sind. Dennoch ist der Ausgangspunkt und muß das Ergebnis vor dem Hintergrund der Zeitgeschichte – mit den fortschreitenden Verlusten an Formen und Funktionen von Landschaft – ein anderes sein. Die vorgefundene Landschaft stellt die Grundlage eines Gartenraums dar. Entscheidend für das Gelingen einer Gestaltung war für die Schöpfer der klassischen Landschaftsparks die Ausnutzung der natürlichen Gegebenheiten, der sogenannten „Gartenfähigkeit" eines Geländes, nicht die Anwendung eines Schemas.

Bei Humphry Repton (1752 – 1818) finden sich die Erfordernisse einer vollkommenen Landschaftsgärtnerei formuliert:

1. Sie muß die natürlichen Schönheiten herausstellen und die natürlichen Fehler jeder Situation verbergen.
2. Sie soll durch sorgfältiges Verkleiden oder Verbergen der Grenzen den Anschein von Ausdehnung und Freiheit erwecken.
3. Sie muß jede, wenn auch noch so kostspielige Einmischung von Kunst, durch welche die Szenerie verbessert wurde, geflissentlich verstecken, so daß das Ganze als alleiniges Werk der Natur erscheint.
4. Alle Gegenstände reiner Bequemlichkeit oder Behaglichkeit müssen, wenn sie nicht verziert werden oder eigentümliche Teile der Gesamtszenerie werden können, entfernt oder versteckt werden.[1]

Fern von der objektbezogenen planerischen Einzellösung und ebenso von der berufstypischen Entwicklung von Leitbildern, für deren Vollzug es keine politischen Mehrheiten gibt, ergab sich durch die Initiative von Erwin Wortelkamp die Möglichkeit, eine Landschaftsgestaltung mit bildenden Künstlern zu versuchen.

Bildhauer und Landschaftsarchitekten sehen in der vorgefundenen Landschaft das Ausgangsmaterial für ein gemeinsames Werk. Bemerkenswert dabei ist, daß im ›Tal‹ Skulpturen nicht nur – wie in den Parks – die Funktion der Staffage haben, sondern in ihrem Sein Raum bestimmen oder in ihm entstehen.

Richtschnur unserer Arbeit war der Anspruch des Gartenkünstlers Ludwig Sckell (1750–1823), indem er die Idee der englischen Landschaftsgärten nach Deutschland brachte: *„Er (der Gartenkünstler) muß alles, was die Natur sowohl im Innern als auch im Äußern bereits aufgestellt hat, mit der strengsten Aufmerksamkeit aussuchen, prüfen und erwägen, was er für seine Anlagen benutzen und anwenden kann."*

Als Problem erweist sich heutzutage, daß die Eigentümlichkeit landschaftlicher Elemente aufgrund der Intensivierung der Nutzungen und der Technisierung verlorengeht und die von Sckell gewünschte Prüfung sich zur Spurensuche entwickelt.
Im Gelände zwischen den Dörfern Hasselbach und Werkhausen fanden wir eine weite Talform in den devonischen Rumpf geprägt. Diese wird von einem Bach durchflossen, zum Teil naturnah von Gehölzen gesäumt, zum Teil begradigt in einen Graben gezwängt. Die nicht mehr wassergefüllte Form eines Mühlgrabens liegt am Waldrand und spricht von der ehemaligen Nutzung des Mehrbachwassers. Gräben führen, aus Baum umstandenen Quellen, dem Bach das Wasser der Höhenrücken zu. Die bewaldete Erhebung der „Mihr" säumt das Tal gegenüber der alten Schule und deren Nachbarhaus. Sie beherbergt einen Steinbruch, ehemals von den Dorfbewohnern genutzt wie auch den Friedhof von Hasselbach. Feldraine und Bäume sind nur spärlich vorhanden.

Das Bild der Landschaft erzählt die Geschichte vom Weg der bäuerlichen Kulturlandschaft zur industriellen Agrarlandschaft deren Gestalt sich an der Maschine mißt. Das ›Tal‹ ist ein Abschnitt im Talsystem des Mehrbachs, zwischen der Quellbachzone mit ihren naturnahen Sümpfen und Erlenbruchwäldern – einzigartig im Niederwesterwald – und dem ebenfalls naturnahen Mittellauf gelegen.

Die Stärke des Geländes liegt im Relief, dem Bach, den feuchten Senken und den Tümpeln. Die Äcker und Grünländereien vermitteln den Eindruck der Weite, in der sich das Tal verliert. Wir fassen das ›Tal‹ durch Baumreihen und Gehölzraine, zeichnen seine Topographie nach und gliedern den Raum. Geschnittene Hecken und architektonische Formen verweisen auf die wenigen vorgefundenen oder eingebrachten naturnahen Gehölze.

So wie es erforderlich ist, das ›Tal‹ zu orten, ist auch seine Verankerung in der Landschaft von Bedeutung. Zeichen der Zusammengehörigkeit sind Säuleneichen und -hainbuchen – standortgerecht die Art, doch zeichenhaft der Wuchs. Sie markieren Tore, Eckpunkte und Plätze im ›Tal‹. Bodenmodellierungen werden aus dem Relief entwickelt, vermitteln zwischen Höhen und Senken, schaffen Flächen. Ihr Ursprung bleibt dem Nichteingeweihten verborgen. Durch extensive Bewirtschaftung der Wiesen verhelfen wir den natürlichen Gegebenheiten – dem Boden, dem Wasser, der Vegetation – zur Geltung, bereiten Lebensräume für Pflanzen und Tiere vor. Mit der Intensivierung der Nutzung der Landschaft gingen auch die Lebensräume der an die Kulturen gebundenen Lebewesen verloren. Wiesen wurden dräniert, Quellen versiegten. Welchen Artenreichtum finden wir dagegen am Mehrbach oder in den von Wortelkamps Sohn Kim liebevoll betreuten Tümpeln, Teichen und Sümpfen. Bei allen landespflegerischen Bemühungen im ›Tal‹ bleibt als zentrales Thema die Landbewirtschaftung und dieses findet sich auch in der Geschichte des klassischen Landschaftsgartens.

Noch von Repton abgelehnt, erhält Mitte des 18. Jahrhunderts die Landwirtschaft als Gestaltelement eingesetzt, um die formale Verbindung zwischen Park und Landschaft zu unterstreichen. So stellt sich die Frage, ob das ›Tal‹ in unserer Zeit zu einer Parklandschaft werden kann, in der das Bild der bäuerlichen Kultur gestaltend bewahrt wird. Zeitgemäß orientieren sich die verwendeten gärtnerischen Gestaltelemente am ökologischen Potential.

Die Natur zieht die Grenzen des Machbaren, so will sich eine Senke, nahe von Fritsch's Einstieg, verlandend weder der Gestaltung eines Wassergrabens noch wasserziehend der Bepflanzung mit Weiden unterordnen. Die zunehmende räumliche Verdichtung im begrenzten Talbereich führt zum Landschaftspark, der sich aus der sonst anders gearteten Landschaft ausnimmt. Schon Repton unterscheidet drei Distanzen: den Garten, den Park und das offene Land. Der schulhausnahe Garten erhielt in der Tradition der Ideen von Repton oder des Fürsten Pückler eine geometrisch strenge Gestalt, ordnet sich zum Haus. Der Park schließt sich im ›Tal‹ an. Nahtstellen von ›Tal‹ und umgebender Landschaft sind als Plätze gestaltet, zwischen dem Innen und dem Außen vermittelnd – so z.B. der Platz von Wolfgang Luy. Die Aufgabe für die nächste Zeit wird darin bestehen, in den Dörfern der Umgebung Interesse für die Gestaltung der Feldflur zu wecken, um im Sinne der Parklandschaft über das ›Tal‹ hinaus wirksam zu werden.

Repton fordert das „ganze" Land für seine Gestaltung. Die Landschaftsarchitekten von heute haben sich aus dieser Tradition in die sogenannten „Freiräume" und die „Nische" der Ökologie abdrängen lassen. In vielem haben sie die Verantwortung für die Ästhetik der Landschaft widerstandslos aufgegeben.

Zahlreiche bildende Künstler unserer Zeit – und maßgebliche finden wir im ›Tal‹ – reklamieren durch ihre Arbeit unser Engagement in der Landschaft. War der Landschaftsgarten früherer Zeit Auseinandersetzung mit der ungezähmten Natur, so ist die Parklandschaft heute Zeichen einer Sehnsucht nach Heimat und dem Einklang des nutzenden Menschen mit seinen natürlichen Lebensgrundlagen in einer vermeintlich gezähmten Natur. Die Bewältigung dieser Aufgaben fordert die gemeinsame Anstrengung der Berufe, die sich mit Gestaltung auseinandersetzen – jenseits des reinen Kosten-Nutzen-Denkens.

Carola Schnug-Börgerding

1 Clemens Alexander Winner: Geschichte der Gartentheorie. Darmstadt 1989; Staatliche Schlösser und Gärten Wörlitz: Der englische Garten zu Wörlitz. Berlin 1987; Friedrich Ludwig von Sckell: Andeutungen über Landschaftsgärtnerei. München 1825.

Jo **Schöpfer**

*1951 in Coburg; lebt in Berlin

Ohne Titel

1994

Bank 20–50 / 100 / 400 cm
Käfige 30 / 30 / 30 cm; 25 / 20 / 60 cm; 26 / 20 / 38 cm; 26 / 23 / 23 cm; 26 / 20 / 29 cm
Beton, Aluminiumguß

Nach den raumgreifenden Arbeiten von Ludger Gerdes und Michael Deiml stößt der Spaziergänger, wenn er ausgehend von der Installation „Sonne-Licht-Mensch" dem leichten Gefälle des Geländes in Richtung Bachlauf folgt, auf eine vergleichsweise kleine Welt. Ein „Minimalist" hat hier im Wasser seine Käfige ausgelegt, fünf Aluminiumquader, die aus einem offenen Strebengerüst gebaut sind, nicht um kleine Fische zu fangen, sondern um das Augenmerk des Vorbeikommenden auf ein Stück Landschaft zu lenken, das er ansonsten übersehen würde. Groß genug, einem ausgewachsenen Fuß eine sichere Trittfläche zu bieten, können sie tatkräftige Menschen auch direkt zum Überqueren des Baches verleiten, noch ehe sie sich Gedanken gemacht haben, was hier eigentlich gespielt wird. Auf der gegenüberliegenden Uferseite stellt sich den Eiligen ein schlichter Betonblock in den Weg, der durch seine Position und Höhe in einfachster Form zum Sitzen einlädt, um das Ensemble im Bach von hier aus zu betrachten. Kinder lassen in solchen Gewässern gern Schiffchen schwimmen, werfen Gegenstände hinein und beobachten das Wasser, das an ihnen vorbeiströmt. Die von Jo Schöpfer installierten Quader funktionieren wie der Focus eines Objektivs. In dem Moment, in dem sie zum Blickfang werden, legen sie den Maßstab für ihre Umgebung fest. Sie verschaffen einen Überblick über den Wasserlauf und zwingen den am Ufer Stehenden zur Nahsicht, da er zwangsläufig dem Anreiz unterliegt, ihrem offenliegenden Inneren auf den Grund zu gehen. Der Raum, den jeder einzelne umgrenzt, erscheint als einschätzbare Größe. Gradlinig verlaufende Streben legen die unterschiedlichen Proportionen fest und unterteilen die Außenseiten auf verschiedene Art in kleine rechtwinklige Segmente. Das individuelle Erscheinungsbild, das hierbei entsteht, basiert ganz offenkundig auf demselben Konstruktionsprinzip, auf einer nachvollziehbaren Gestaltung mit Konstanten und Varianten. Als gemeinsame Konstante erkennt der Betrachtende bald das Quadrat, das als Modulform in allen Flächengliederungen auftaucht. Die vorgenommene Variation, die Art und Anzahl der Unterteilungen, macht es dem vergleichenden Auge jedoch nicht leicht, zu entscheiden, ob die kleine gliedernde Quadrateinheit des abseits stehenden Kubus als kleinste Teilfläche oder das große Quadrat des langgestreckten flachen Körpers als größte unterteilte Einheit die alles bestimmende Größe ist. Auf der Suche nach dieser Einheit entfaltet sich auch die übrige Erscheinungswelt der Uferzone. Die kleine Serie rational durchschaubarer Ordnungssysteme wirkt wie ein Katalysator für die Wahrnehmung der sie umgebenden Natur. Sich immer wieder verändernde Übergänge zwischen Wasser und Erde haben an dem gewählten Ort eine auffallend unregelmäßige Uferlinie geschaffen. Der Bach schlängelt sich durch viele Kurven und fließt streckenweise je nach Wasserstand durch mehrere Arme. Die Ufer sind zerfurcht, voller Absätze und Sprünge, die angrenzende Böschung und Weidefläche buckelig und uneben. Die Vegetation entpuppt sich als abwechslungsreich. Verschiedene Grassorten, einzeln stehende Getreidehalme und Schilf wachsen in der Nähe des Wassers. In seiner hervorstechenden Eigenart gewinnt der betrachtende Landschaftsausschnitt etwas von der Dimension einer zerklüfteten Gebirgslandschaft, in der verstreute „Skelettbauten" ein Zeichen ihrer Zivilisation setzen. Der Kontrast könnte nicht deutlicher ins Auge fallen. Die Uferlandschaft zeigt das Formlose, Unregelmäßige und Weiche, das, was im Fluß ist und daher zeitlichen Veränderungen unterliegt, die Quader verkörpern das Gegenteil, sie besitzen eine feste regelmäßige

Form, weisen scharfe Konturen auf und demonstrieren Stabilität im Sinne dauerhafter Beständigkeit. Während in der Natur das vielfältige Erscheinungsbild die gemeinsamen Gesetze verhüllt, treten diese in dem nachvollziehbaren Gestaltungsvorgang der Metallkonstruktionen offen zutage. In ihrer offenen Struktur setzen sie sogar die Trennung zwischen einer äußeren Erscheinungsform und einer dahinter verborgenen inneren Gesetzmäßigkeit außer Kraft. Mit dem Betonstück, das auf der anderen Uferseite eine Sitzfläche schafft, verhält es sich ähnlich. Der als offener Winkel konstruierte Körper paßt sich insofern den natürlichen Gegebenheiten an, als er sich über einen vorhandenen Absatz innerhalb der Uferböschung stülpt. Genaugenommen wird dieser von ihm begradigt, auch sonst zeigt seine exakte Form eine bestechende Regelmäßigkeit, die alles, was sich im Vergleich mit dieser Erscheinungsqualität mißt, auf eine gegenteilige Position verdrängt. Über den Bach hinweg betrachtet, läßt der Betonkörper in seiner horizontalen Erstreckung alle horizontal verlaufenden Grenzlinien in der Landschaft als gekrümmt und unregelmäßig erscheinen. Lediglich als Annäherungswerte an eine denkbare und dank der sich klar aus ihrer Umgebung heraushebenden Form auch anschaubare Ideallinie könnte man die Grenzen zwischen den Weideflächen und von diesen wiederum zum nahegelegenen Tannenwäldchen, in dem der „Dreibeiner“ von Karl Bobek steht, bezeichnen, wobei im Vergleich der Verlauf des Bachs zum Inbegriff des „Natürlichen“, „Zufälligen“, „Organischen“ erwächst. Obwohl die Landschaft als Nutzfläche durch Weideflächeneinteilung, Weg- und Straßenführungen vergleichbare vom Menschen verursachte Ordnungsstrukturen zeigt, separiert sich im Gegensatz zu den geometrischen Gebilden, die mit der modernen Baustoffen eigenen Präzision gefertigt sind, ein Stück in dieser „zivilisierten Landschaft“ als Raum für eine ursprüngliche Naturerfahrung.

Die Faszination, die von der Installation ausgeht, entsteht jedoch durch Zusammenhänge, die sich als komplexer erweisen, als es die augenfällige Gegenüberstellung kontrastierender Prinzipien ausdrücken könnte. Jo Schöpfer erzeugt ein Wechselspiel zwischen Integration und Gegensatz, in welchem abhängig von Standort und bevorzugter Denkrichtung mal die eine und mal die andere Seite überwiegt. Die installierten Objekte erscheinen zwar als Vertreter einer gegensätzlichen Welt, andererseits sind sie derart in die Natur eingebunden, daß sie den dort stattfindenden Formveränderungen unterworfen sind und sowohl ihre klaren Grenzen verlieren, als auch ihre Gestalt an Vollkommenheit einbüßen. Das emporwachsende Gras verdeckt die unteren Kanten des Winkels, während die im Bach plazierten Quader immer nur teilweise aus dem Wasser auftauchen. Die umspülten Streben werden durch optische Verzerrungen ihrer klaren Kontur beraubt. Obwohl ihre ideale Gesamtform folgerichtig aus den gegebenen Sichtbarkeitsdaten ergänzt wird, bleibt ihre tatsächliche Ausdehnung, die Tiefe des Wassers, in dem sie stehen, nicht jederzeit überprüfbar. Nimmt man auf dem Betonstück Platz, verliert es die Neutralität eines abstrakten Anschauungsmodells und übernimmt selbst eine integrative Funktion. Es versetzt den Betrachtenden an einen Ort, an dem sich eine idyllische Situation offenbart, eine Perspektive, aus der sich die Polarisierung von Gegensätzen ebenso wieder auflösen läßt, wie man sie vergleichend aufbauen konnte. Rechts, ein Stück von den Quadern entfernt wachsen am Bach ein paar Bäume, unter denen ein kleiner Wasserfall ein ständiges Plätschern und Rauschen verursacht und den Betrachter in eine kontemplative Stimmung versetzt. Die emotional erlebbare Beschaulichkeit des Ortes verbindet sich mit einem Schönheitsempfinden, das durch Symmetrie und Gleichmaß, durch die erkennbare formale Ordnung der Körper ausgelöst wird. Durch die Transparenz der Quader und das stumpfe Glänzen des Aluminiums ensteht ein harmonischer Zusammenklang mit der durchsichtigen Klarheit des Wassers, besonders wenn auf der Oberfläche Sonnenlicht reflektiert wird. Aus dieser poetischen Verbundenheit heraus verlieren die Metallkonstruktionen ihre rational technische Ausstrahlung. Der umgrenzte Raum erscheint nicht mehr nur als Summe der sichtbaren Koordinaten, sein Inneres gewinnt metaphysische Qualität. Andererseits betrachtet man die umgebende Natur durch die Einbettung der regelmäßig gegliederten Körper mit einem wissenschaftlichen Blick, der in ihren Objekten weit mehr Gesetzmäßigkeiten annimmt als sie zunächst sichtbar werden läßt. Durch die starke Präsenz des fließenden Wassers, das in der antiken Naturphilosophie als ein möglicher, allen Naturprozessen zugrundeliegender Urstoff angesehen wurde, wird der Betrachter angeregt, die Aufhebung der Gegensätze durch die Vorstellung einer Natur zu denken, die ebenfalls als ein in sich geschlossenes Ordnungsgefüge funktioniert. In dem Panorama, das sich vom Sitzplatz aus darbietet, wenn man vom Wasser aufblickt und in die Ferne schaut, scheint eine Auflösung der Gegensätze anschaulich gegeben. Die sanft geschwungene Horizontlinie vermittelt zwischen den extremen Polen des Kurvigen und der Geraden, zwischen Bach und Betonwinkel. Das Bild der gleichmäßig aufgereihten Säuleneichen an der Arbeit von Erwin Wortelkamp kann in diesem Zusammenhang an Landschaftsgemälde erinnern, wie z.B. an Monets „Pappeln“ oder Mondrians „Bäume am Gein“, die im Rückblick die Entwicklung von reinen Formgesetzen und auch das Prinzip der seriellen Reihung aus der Landschaft heraus begonnen haben.

Dagmar Schmidt

Fritz **Schwegler**

*1935 in Breech; lebt in Breech

Einige späte Bilder blieben in der Luft hängen und wurden nachgebaut (EN 6114)

1990

220 / 104 / 30 cm
210 / 140 / 103 cm
Beton, Farbe

Oben im Wald löst sich der schmale Pfad ins Ungewisse auf. Das ist keine Stelle, zu der man sich hinbegibt, sondern eine, an der man sich plötzlich befindet. So zufällig, so unerwartet wie der fröhliche Posten, der dort zwischen den Bäumen Wache hält. Leichtfüßig steht er auf einem Bein, über dem sich – hutartig, pilzähnlich – eine Glockenform schließt. Gelbe und schwarze Streifen leuchten wie ein Signal, das sieht nach Baustelle oder Schilderhaus aus. Es zeigt an, daß hier mitten in der Wildnis ein Ort zu finden ist. Der Glockenfuß macht selbst den ersten Schritt hinein, und etwas weiter trifft man auf sein Gegenbild. Da, wo das Dickicht undurchdringlich wird, öffnet sich ein rötliches, bauchiges Gefäß. Ein helles Gesicht mit langer Nase lugt keck daraus hervor, oder ist es ein riesiger Entenkopf mit Schnabel? Dann hört der Weg auf; es bleibt nur Umkehr, vom Vasenkopf zurück zum Glockenhut. Dazwischen: Raum für leises Lachen.

Auf den Kopf gestellt, wird eine Vase zum Hut. Ein Hut verbirgt, hält Zugluft ab, aber läßt sich auch lüften. Und nur wo sich etwas versteckt, ist etwas zu entdecken. Umgekehrt kann, was auftaucht, auch wieder verschwinden: der Kopf, der so vorwitzig seine Nase in den Wind hält, sucht vielleicht im nächsten Moment schon Zuflucht im Inneren der Vase. Erscheinen und Verbergen gehen Hand in Hand. Aber sind Aufbruch und Rückzug nicht zwei grundsätzliche Weisen, sich in der Welt zu bewegen? Dann manifestieren Glockenfuß und Vasenkopf – zwei leibhafte Metaphern dieser Befindlichkeiten – etwas sehr Menschliches. Nicht von ungefähr wirken die beiden Gestalten, die da so still und stumm im Wald stehen, merkwürdig lebendig. Und sind doch zugleich ganz dinghaft und solide aus Beton gegossen.

Da stehen sie: einfache, lebensgroße und handfeste Gegenstände, zum Greifen nah. Sie können nur nah sein, denn der Wald verstellt jede Sicht aus Entfernung. Die intime Örtlichkeit, die als Ort definiert wird durch Hut und Vase, ähnelt selbst einem Gefäß. Ein Weg führt hinein, aber nicht hindurch. Und erst wenn man eintritt, erschließt sich die Situation – als Versteck. Das System der Öffnungen und Schließungen greift schließlich auf den Wald über; nur weil er verbirgt, kann er sich öffnen. Aber was er zeigt, sind Gefäße, die selbst etwas verbergen. So vervielfachen sich die Beziehungen zwischen den Arbeiten und dem Wald, die Nähe zu den Dingen enthält auch eine ihr eigene Ferne. Immer bleibt etwas unsichtbar, und auch wenn der Hut sich lüften könnte, so bleibt er doch geschlossen.

„Sachen, wo man ein biszchen lüften kann" ist ein Buch von Fritz Schwegler betitelt. Zwei seiner Zeichnungen aus dieser Sammlung – EN 7016 und EN 7211 – zeigen einen Vasenkopf und einen Glockenfuß. „Einige späte

Bilder blieben in der Luft hängen und wurden nachgebaut" (EN 6114), heißt es im selben Band. Und eben das passierte, denn Erwin und Kim Wortelkamp wurden tätig und realisierten die beiden Zeichnungen. als plastische, lebensgroße Objekte im ›Tal‹. Sie waren es auch, die den Ort im Wald fanden, die mit Fritz Schwegler das Material wählten. Aus den Buch-Bildern wurden so Wald-Arbeiten und zugleich Unikate in Schweglers Gesamtwerk, einmalig in ihrer Größe.

Wie man eine Seite umblättert, kann man nun durch den Wald gehen und Zeichen finden: Sinngebilde, die ohne Text auskommen, aber eine heitere Überraschung für den Blick bereithalten. Das Sehen, das sich abschleift an nützlichen Alltagsdingen und festgeschriebenen Bedeutungen, stolpert förmlich über die beiden paradoxen Gebilde. Man kennt Hüte und Vasen, Köpfe und Füße, aber selten sieht man den Gegenstand, ohne sofort zu seiner Bedeutung überzugehen. Glockenfüße, Vasenköpfe dagegen entziehen sich der eindeutigen Benennung. Sie sind vielleicht nicht fremder als Alltagsdinge, aber in dieser Fremdheit offenkundiger. Indem sie sich verschließen, zeigen sie, daß das Verborgene zur Welt der Dinge, und das heißt schließlich: zur Welt des Menschen, gehört.

Huberta de la Chevallerie

Götz **Stöckmann**

*1953 in Frankfurt am Main; lebt in Frankfurt am Main

Labyrinth

1992

Grundform: ein gleichseitiges Dreieck
0 / 159–10000 / 10000 / 10000 cm
Eisen – 1/2 IPB 300

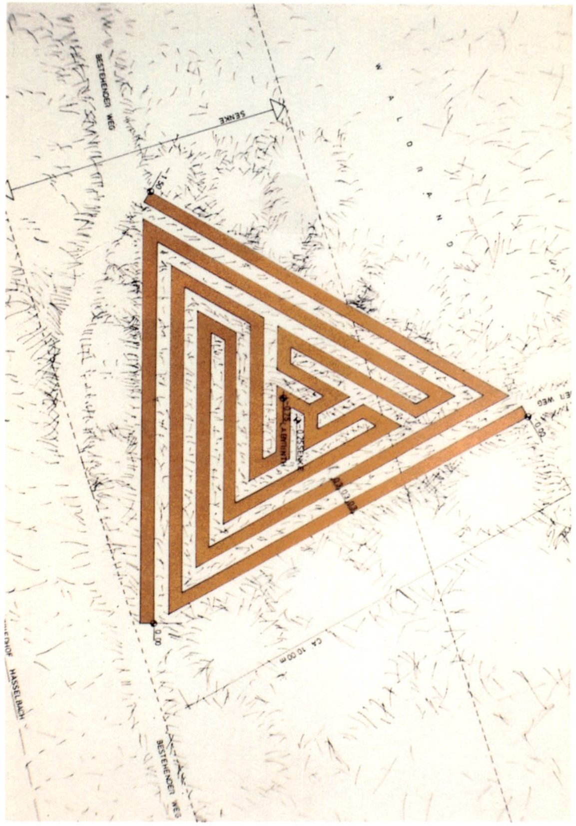

„Labyrinth: Irrgang, -garten, Wirrsal, Durcheinander: Um 1500 aus lat. labyrinthus, gr. labyrinthos entlehnt. Das Wort ist vorgr. Ursprungs. Es stammt wohl aus dem kretisch-minoischen Kulturkreis und bedeutet wahrscheinlich eigtl. ‚Haus der Doppelaxt' (als Königsinsignie), zu voridg. labrys ‚Beil' (für gr. pelekys). So war denn auch gerade der Sagenkreis des bedeutenden kretischen Labyrinths, das Dädalus im Auftrag des König Minos für den sagenhaften Minotaurus erbaut haben soll, für die Verbreitung des Wortes und seines Ideenkreises (…) verantwortlich (…)."

Duden, Band 7, Etymologie

Am Rand des Wortelkampschen Geländes in der Nähe des kleinen Friedhofs wächst ein junger Wald. In diese aufstrebende Vegetation aus allerlei Hölzern, Gestrüpp und Hecken wird das Labyrinth gebaut. Es ist die Grundrissfigur eines gleichseitigen Dreiecks, in welches die labyrinthischen Wege eingezeichnet sind.

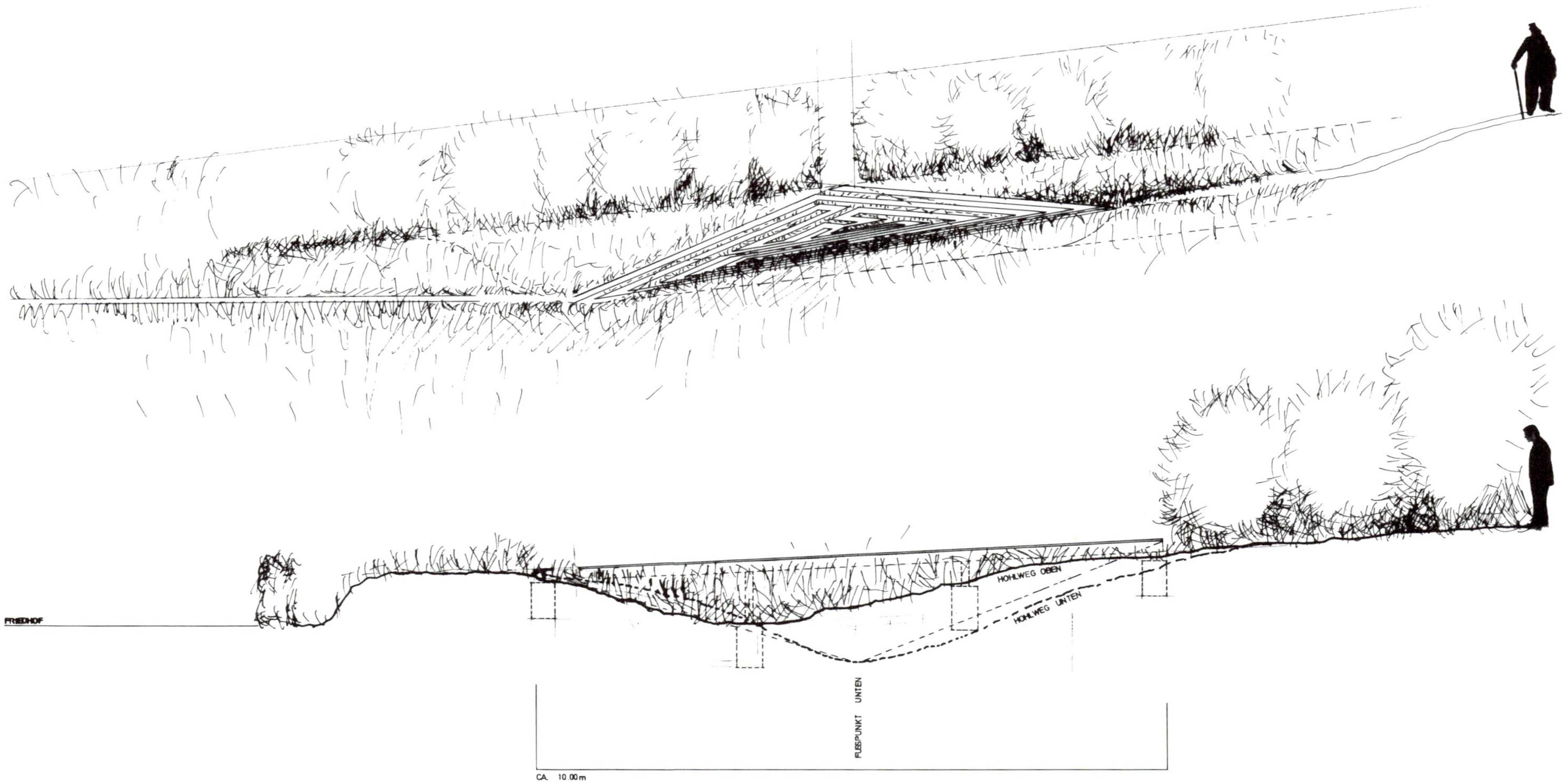

„Wände" und „Wege" dieses Labyrinths sind zwar im Material unterschieden, bilden aber mit ihrer Oberfläche eine Ebene. Eine stählerne Konstruktion aus T-Trägern (Breite = 30 cm) formt ein dichtes Wegenetz und überspannt eine flache Senke. Aus der Senke wuchert das Grün in die Zwischenräume (Breite = 30 cm) der Wege. Alljährlich werden die Pflanzen auf die Ebene der Wege gestutzt. So entsteht ein reliefartiges Bild aus Vegetation und Bauwerk. Ringsumher wächst der Wald in die Höhe und umschließt das Bild des Labyrinths wie einen lichtungsähnlichen Raum.

Die Architektur des Labyrinths im ›Tal‹ erinnert an die Idee des Dädalus und variiert das Bild des Rätselhaften, Symbolhaften. Im Unterschied zum klassischen Labyrinth mit nur einem Zugang und einem Zentrum oder dem Irrgarten mit Wegekreuzungen und Irrwegen hat das Labyrinth im ›Tal‹ drei Zugänge. In seinem Zentrum kann man umkehren oder zwischen zwei Möglichkeiten wählen, den Weg fortzusetzen.

Götz Stöckmann

Claudia **Terstappen**

*1959 in Arnsberg; lebt in Barcelona (E) und Menden

Lehrpfad

1997

Schrifttafel 30 / 40 cm
Ständer 97–108 / 30 / 40 cm
Eisen verzinkt, schwarz lackiert, Folie, Glas

Ameise (formica)

Familie: Formicideae
Ordnung: Stechimmen, ca. 60000 Arten, bis 6 cm

Art und Wesen:
Ameisen entstehen aus Feuchtigkeit, welche die Gewürze hervorbringen. Man unterscheidet zwischen drei Arten:
1. Einsame Ameisen; 2. Mehrere Ameisen; 3. Ameisenhaufen. Es gibt sie überall und sie sind mitunter sehr lästig. Ihre Intelligenz ist ebenso bemerkenswert, wie ihr Geruchs- und Tastsinn, jedoch hören sie sehr schlecht. Deswegen vertreibt man sie am besten durch den Klang von lauten Glocken. Ihr Geruch stärkt aber das Gedächtnis.

Aberglauben ist in unseren Breitengraden ein Phänomen besonders der ländlichen Regionen. So scheint der Glaube an Götter und Dämonen, an freundliche Geister und unheilvolle Zeichen hier mehr zu Hause zu sein als anderswo in unserer auf- und abgeklärten Zivilisation. Auf dem Land trifft man mitunter immer noch die hartnäkkig überlebenden Geschichten und Verhaltensregeln, deren Ursprünge häufig kaum mehr nachvollziehbar sind, deren Konsequenzen aber durchaus eine Rolle im täglichen Leben spielen können.

In einer wissenschaftsgläubigen Zeit wie der unsrigen, einer Epoche, in der die Menschen sich in ihrem Denken und Tun der Technik und den Naturwissenschaften verschrieben haben, faszinieren archaische Glaubensbekenntnisse, Mythen und uralte Geschichten umso mehr – halbwahr vielleicht, aber immer mit einem Hintergrund.

Dem Prozeß der Säkularisierung, den Max Weber als „Entzauberung der Welt" so treffend beschrieben hat, entspricht das Verschwinden magischer und mythologischer Welterklärung. Und je mehr die Entwicklung des modernen Rationalismus voranschreitet, so seine Diagnose, desto stärker schreitet auch die Entmystifizierung der Welt voran. Glaube und Aberglaube, immer schon eng verwandt, bleiben dabei auf der Strecke. Unsere verstädterte, technologische Welt hat die Wissenschaft zu ihrer geistigen Autorität erklärt. Um so mehr gilt es, und dafür auch streitet die Kunst, diese Abhängigkeit bewußt zu machen. So ist vielleicht auch zu bedenken, daß das, was einst als fundierte Erkenntnis galt, heute widerlegt und der Lächerlichkeit preisgegeben ist – und dies könnte womöglich auch einmal für manchen heutigen Forschungsgegenstand gelten.

Charakteristisch für den Landschaftsgarten ›im Tal‹ ist das selbstverständliche und doch spannungsvolle Nebeneinander von Kulturlandschaft und landwirtschaftlicher Nutzfläche. Und so flaniert man nicht an den Objekten entlang, sondern erwandert sie am besten in festem Schuhwerk. Vielleicht wird man Befremden verspüren, daß Kühe und Pferde zwischen den Kunstwerken weiden, daß überhaupt hier keine scharfe Trennung zwischen Nutz- und Kunstlandschaft erkennbar ist. Doch das ist Programm.

Zu denjenigen KünstlerInnen, die sich nicht nur mit der Natur-Landschaft, sondern auch mit dem – in weitestem Sinne – sozialen und historischen Ort befassen, gehört Claudia Terstappen. Zäune und Trampelpfade weisen den Weg, und ganz am Ende des Landschaftsgartens, wo die Höfe der Bauern, die Straße, das nächste Dorf beginnen, dort trifft man auf ihre Arbeit: dreizehn am Wegrand aufgestellte Schrifttafeln.

Käfer (coleoptera)

Ordnung: Lange Insekten, ca. 350 000 Arten, 0,25 – 160 mm

Art und Wesen:

Käfer entwickeln sich aus Larven, die auf Birn-, Kiefer-, Feigenbäumen und Hagebuttensträuchern leben.
Sie haben die Neigung übelriechende Dinge aufzusuchen, weil sie aus derartigen Stoffen entstehen.
Es gibt sie überall.
Sie sitzen, meist etwas unpassend, auf Blüten, laufen unter Steinen heraus, von denen sie längst zerdrückt sein müßten und stolpern über das Moos.
Psychische Zustände, wie Delirium oder schlechte Laune beim Menschen, werden häufig auf das Vorhandensein eines imaginären Hirnkäfers zurückgeführt. Es wird daher empfohlen, einem auf den Rücken gefallenen Käfer wieder auf die Beine zu helfen.

Fisch (Cyprinidea)

Art und Wesen:

Fische haben die Gewohnheit hin- und herzuschwimmen und häufig den Ort zu wechseln. Alle Fische schlafen wenig.
Bei Nacht sehen sie so gut wie am Tage. Der Fischfang gerät deswegen am besten morgens, weil dann die Fische am wenigsten gut sehen können.
Alle Fische, die der Breite nach schwimmen werden fett, wenn der Südwind von Mittag her weht. Fische, die dagegen der Längsachse des Körpers nach schwimmen werden fett, wenn der Nordwind weht, der im Lateinischen Aquilio heißt.
Wenn sie Öl trinken, sterben sie.

Maus (myomorpha)

Familie: Echtmäuse
Ordnung: Nagetiere, bis 15 cm

Art und Wesen:

Die Maus ist ein Tier, das nach dem Stehlen benannt ist.
Sie entsteht aus Erde und Regenwasser. Man hat schon Mäuse gesehen, bei denen der Vorderkörper schon ganz ausgebildet war, während der hintere Teil noch aus einem Erdklößchen bestand.
Die Leber der Maus nimmt mit dem Mondwechsel ab und zu.
Vor ihrem Harn muß man sich schützen; wird etwas davon benetzt, verfault es.
Mäuse sind stumm; nur bei Vollmond geben sie einen zischenden Laut von sich.
Wie die Zwerge lieben sie die Musik, bei schlechtem Singen verziehen sie sich.
Ihre Gefräßigkeit kennt keine Grenzen. Kein Wunder, daß sie groß und fett werden und Nester groß wie Körbe haben.
Elefanten scheuen Mäuse wegen ihres Geruchs.

Kauz (athene noctua)

Familie: Schwirr-, Specht- und Rakenvögel, ca. 6 Arten, bis 40 cm

Art und Wesen:

Käuze sind sehr einsame Vögel, die sich deswegen gern an Fenster setzen, in Kirchen, Gewölben oder auf Kirchhöfen wohnen.
Sie folgen jedoch auch ihrer natürlichen Liebe, aus Kirchenlampen das Öl zu naschen.
Bei Nacht fällt der Kauz unerwartet junge Tiere an.
Eine kleine, aus einem gespaltenen Haselzweig hergestellte Holzpfeife, mit der sich ein der Stimme des Käuzchens ähnlicher Klang erzeugen läßt, heißt Käuzel.

Floh (pulex irritans)

Ordnung: Siphonaptera, braun bis gelb, 1 – 7 mm

Art und Wesen:

Flöhe entstehen aus angewärmten Staub; das ist darauf zurückzuführen, daß das Insekt bei Unreinlichkeiten am besten gedeiht.
Sie haben keine Knochen.
Flöhe leben vom Blute ihrer Wirte und sind sehr gefräßig.
Aus diesem Grunde gehen sie in Städte, da die Leute dort länger schlafen und fetter sind.
Ihr Sinn fürs Komische ist bekannt.

Assel – Mauerassel (oniscus murarius)
Kellerassel (porcellioscaber)

Ordnung: Höhere Krebstiere, ca. 4000 Arten, 1 – 3 cm

Art und Wesen:

Die Assel entsteht aus Feuchtigkeit, die der Tau an Steinchen zurückläßt.
Sie wird oft mit dem Schwein (lat. porcellus) verglichen, wegen ihres unappetitlichen Aussehens. Deswegen versteckt sie sich auch in Ritzen und Spalten.
Sie ist ein stummes, unbedeutendes Tier, welches sich ausschließlich von Staub und Erde ernährt.
Sie haßt Licht und Hitze ebenso wie zuviel Regen.
Sperrt man die Assel in ein Schächtelchen, kann man zusehen, wie sie zu Staub verfällt.

Wurm (vermis)

Ordnung: Oligochaeta, ca. 20 000 Arten, 3 mm – 35 cm

Art und Wesen:

Würmer kommen mit dem Regenwasser vom Himmel.
Man unterscheidet zwischen zwei Arten:
Solche, die in ihrem Leibe Knochen tragen und solche, die keine haben.
Meist hocken sie in ihrem Versteck, bis sie von dort herauskommen, um ihre zerstörenden Kräfte anzuwenden.
Ihr unappetitliches Aussehen rührt von Körpersäften her, die sie ständig ausscheiden. Ihr Geruch ist von Übel.
Kommen sie mit Knoblauch oder gekochter Milch in Berührung, sterben sie.
Trinkt man Wasser, in dem Würmer leben, so wird man wahnsinnig.

Fuchs (vulpes vulpes)

Familie: Hundeartige Canidae
Ordnung: Raubtiere Carnivora
ganz Europa, 90 cm lang, 50 cm Schwanz, 35 cm hoch

Art und Wesen:

Der Fuchs baut nie eine Höhle, er vertreibt den Dachs aus dessen Bau.
Er hat ein stinkendes Maul und ein stinkendes Hinterteil.
Im Sommer leidet er an Überhitzung der Leber.
Wenn er eine Mandel verzehrt, stirbt er.
Sein Urin macht den Boden ein Jahr lang unfruchtbar.

Laus (pediculus capitis)

Familie: Pediculidae, ca. 20 Arten, 1 – 6 mm

Art und Wesen:

Läuse werden von feinem Regen gebracht, wenn gleichzeitig die Sonne scheint.
Sie können aber auch entstehen wenn man unreifes Obst ißt, vor allem unreife Johannisbeeren.
Sie waren nicht im Paradies.
Sie sind ständige Gäste des gemeinen Mannes oder hausen in finsteren Löchern.
Will man jemandem Läuse machen, so legt man Schweine- oder Rindfleisch in einen Ameisenhaufen und nennt den Namen des Betreffenden.
Sie vermehren sich, wenn man sie zählt.
Angezauberte Läuse soll man nicht töten.

Schnecke (limax)

Familie: Helicidae
Ordnung: Zwittrige Weichtiere, ca. 1 mm – 60 cm

Art und Wesen:

Schnecken entstehen bei großer Feuchtigkeit und Wärme aus
Lehm und faulem Gras.
Sie fressen Erde.
Sie zerfließen fast vollständig, wenn man sie mit Salz bestreut.
Schnecken bergen in ihrem Gehirn ein Steinchen, das magische Kräfte
besitzt und Krankheiten heilt. Es verleiht dem, der es unter der
Zunge trägt, die Gabe wahrzusagen, allerdings nur während des ersten und
letzten Mondviertels.
Dieser Stein zerfällt nicht in Feuer.

Schmetterling (papilio)

Ordnung: Lepidoptera, ca. 150 000 Arten, 0,3 – 30 cm

Art und Wesen:

Schmetterlinge sind mit den Blumen verwandt.
Sie ernähren sich von Milch und Schmand, weswegen sie auch 'Schmeckerlinge'
oder 'Schmandlecker' genannt werden.
Sie sind sehr ausgelassener Natur, denn sie haben nichts vor.
Mitunter bringen Schmetterlinge einen pfeifenden, schrillen Ton hervor
oder äußern andere Laute, besonders im Sommer.
Zieht man ihnen die Flügel aus, so bleibt nur ein garstlicher Wurm übrig.

Fledermaus (vespertilio murinus)

Familie: Cynocethalidae
Ordnung: Dermiptera, Pelzflatterer, 3 – 16 cm

Art und Wesen:

Die Fledermaus ist ein Flattertier mit nur einem einzigen Hüftbein.
Sie ist sehr klug.
Sie wird auch als 'Speckmaus' bezeichnet, da sie sich mit Vorliebe
in Rauchfängen aufhält, um den dort aufgehängten Speck zu fressen;
außerdem mag sie die Wärme.
Wenn sie schläft, hängt sie zusammengefaltet wie eine Jacke auf dem
Nagel an der Wand oder unter der Decke.
Stirbt die Fledermaus in Flammen, so stößt sie deutlich vernehmbare
Schimpfworte aus.

Dort nämlich, wo die Landschaft des ›Tal's‹ sich öffnet, wo es nach oben auf die Wiesen geht, wo die Verschmelzung mit der landwirtschaftlich geprägten Umgebung am offensichtlichsten ist, der Alltag präsent bleibt, dort befindet sich der „Lehrpfad". Ein Werk, das sich, gerade im Vergleich mit den anderen Kunstwerken im Tal, den meist ernsten Arbeiten, als offen und leichtfüßig vorstellt. Die landschaftliche Öffnung und die strukturelle Offenheit des Konzepts entsprechen und ergänzen einander wie selbstverständlich. Seine Mehrdeutigkeit und sein Humor aber erschließen sich erst allmählich; und die Nähe zur bäuerlichen Umgebung bleibt ein wichtiger Aspekt für das Verständnis des Werkes.

Fast unscheinbar stehen die kleinen, scheinbar wahllos verstreuten Tafeln am Wegesrand: der „Lehrpfad" ist kein didaktischer Hammerschlag, auch wenn die Erinnerung an zoologische Gärten, an naturkundliche Wanderwege mit ihrer manchmal allzu penetranten Erklärungswut intendiert ist.

Von weitem betrachtet, mag man die Assoziation banal finden, doch gerade der naturkundliche Charakter und der quasi-wissenschaftliche Anspruch der Tierbeschreibungen ist es, der diese Arbeit auch subversiv wirksam macht.

Ist wirklich alles an den Beschreibungen Terstappens barer Unsinn und bloß ausgedacht? Oder gibt es vielleicht doch gute Gründe, nicht alles gleich abzuqualifizieren? Warum legt meine Mutter bei jedem Waldspaziergang ihr Taschentuch auf den Ameisenhaufen, um es auf dem Rückweg wieder einzusammeln? Weil es gut riecht? Weil die Ameisendüfte gut gegen Rheuma sein sollen? Es gäbe wohl eine ganze Reihe solcher Fragen... Und irgendwann vielleicht beginnt man selbst, sich verstohlen umzusehen und diese Tiere mit den seltsamen Eigenschaften zu suchen...

Es kann dem lesenden Wanderer tatsächlich klar werden, daß die Naivität, daß Aberglaube und Magie nicht nur aus historischer Distanz zu betrachtende Bestandteile unserer Kultur sind, sondern daß jeder selbst einen – wie sehr auch verschütteten – Rest dieser magischen Welt in sich trägt. Es gab eine Zeit in der jeder Dinge wie diese geglaubt hat.

Listig führt Claudia Terstappen mit ihren pseudowissenschaftlichen Beschreibungen den Betrachter an die Grenze des Glaubwürdigen, meist sogar schießt sie spielerisch und humorvoll darüber hinaus. Zweifel sollte man haben. Nicht so sehr an den beschriebenen, oftmals absurden, manchmal beängstigenden Wesenseigenschaften der Tiere, als vielmehr an der eigenen Wissenschaftsgläubigkeit. Für viele Menschen stellt die Schrift immer noch eine Autorität dar, und erst recht in Form einer naturwissenschaftlich fundiert daherkommenden Aussage. Auch die Sicherheit des Glaubens und die Hoffnungen und Ängste des Aberglaubens sind unverzichtbare Bestandteile eines lebendigen Lebens. Das Leben nämlich, und das ist eine der wunderbaren Botschaften von Kunst, ist durchaus nicht immer erklärbar.

Katja Brandt

Erwin **Wortelkamp**

*1938 in Hamm/Sieg; lebt in Hasselbach und Acquaviva Picena (I)

Vielleicht ein Baum

1976

520 / 97 / 100–135 / 63 / 62–286 / 65 / 70–153 / 50 / 56 cm

Eisen

Fast ganz oben auf der östlichen Flanke des ›Tals‹, auf flach ansteigender Wiese und etwas entfernt von einigen das Terrain gliedernden Bäumen, Büschen, Zäunen, auf kahlem Platz also, an dem man dem Himmel nah ist, und wo der Wind in langer Strömung atmet, hier ist diese mehrteilige Arbeit aus geschweißten Eisenblechen aufgebaut. Bei Trockenheit ist sie von spröder Düsternis, bei Nässe glänzend schwarz.

Von verschiedenen Stellen des Tals aus sieht man sie, manchmal nur einzelne Teile, man sieht sie als den Horizont übersteigende Silhouette. Zwar aufgerichtet und doch zur Seite geneigt, zwar steil in den Himmel gestoßen und doch aus der Senkrechten heraus. Ein bewegtes Ensemble von plastischen Gebärden, die alle auf ein Oben zielen und es nicht erreichen.
Die Arbeit heißt „Vielleicht ein Baum" und dieser Titel irritiert. Denn die paar Werk-Elemente spielen so eindeutig mit dem Motiv des gewachsenen Baums – wozu dann also das „Vielleicht"?

Entastete Bäume, sockellos aus dem Wiesengrund wachsend und dadurch unmittelbar im Hier des Terrains. Rundliche Körper, die in den Raum aufsteigen und ihn zwischen sich künstlich machen, zugänglich für die ästhetische Erfahrung und ihr unvermeidliches Bedeuten. Aber was bedeuten sie?

Diese verschieden hohen und starken Stämme aus Eisen sind so bauchig, gebuckelt, gemuldet, borkig geschuppt wie wirkliche Bäume, die sich in Jahren gewunden, gedreht, gebeugt haben und in Wetter und Wind zur Form geworden sind, die ihr Schicksal in der Zeit beschreiben – geht es demnach um das, um die Darstellung des Gleichgewichts zwischen den generellen Wachstumsenergien der Natur und den jeweiligen Standortbedingungen?
Dies wäre eine Auslegung ohne Berücksichtigung des „Vielleicht" im Titel. Blendet man das aber ein, dann bekommt das Ensemble noch eine andere Aufladung, die man allerdings auch rein aus der Anschauung erschließen kann. Denn sind diese Stämme nicht auch wie menschliche Leiber, sieht man da nicht Rumpf und Schultern, Rücken und Brust, erkennt man nicht gar Kopf und Hals? Selbstverständlich, das bleibt leise und muß aus dem Knorrigen dieser eisernen Körper mit Phantasie herausgelesen und -gesehen werden, etwa so wie Leonardo da Vinci in verwitternden Mauern Figuren erkannte.

Ist das richtig, dann erscheint in diesem Ensemble zusammen mit der Darstellung von Naturkräften das Schicksalhafte des menschlichen Daseins, erscheinen Freiheitsdrang und dessen Behinderung, Bedürfnis nach unbedingter Entfaltung und deren Einengung.
Derlei ist undenkbar ohne historische Vorläufer. Es sei erinnert an die Arbeit, in der etwa bei Jacob van Ruisdael (1626–1682) Bäume wie menschliche Wesen erscheinen oder bei Caspar David Friedrich (1774–1840) Bäume als melancholische Zeichen für menschlich Existentielles; und auch sei erinnert an die Doppel- und Mehrdeutigkeiten der Plastiken von Alberto Giacometti (1901–1966) oder von Joseph Beuys (1921–1986), wo das sichtbar Gegebene zum Auslöser wird für lange und komplexe Assoziationsketten, die aus der Nähe der persönlichen Erfahrung in die Ferne des Generellen und Allgemeingültigen führen.

„Vielleicht ein Baum" ist eine herbe Arbeit. Dramatisch und still, pathetisch und verhalten – so wie die Perspektiven der Sicht wechseln, so auch die Möglichkeiten der Auslegung.

Ganz anschaulich aber handelt es sich hier um eine Existientielles berührende Symbolik. Es geht um die Formulierung von Stärke und Schwäche (physisch und psychisch), von Mit- und Gegeneinander, es geht um das ununterbrochene, anhaltende Drama des Lebendigen und – für den Künstler – darum, das alles in Material zu erarbeiten, damit es sich zeigt.

Karlheinz Nowald

Teil aus einem Ganzen – zu einem Ganzen

1994/99

97 / 72 / 67 cm
Bronze

Platz, Kreissegment 60 qm
Beton, Pyramideneichen

Platz geben

Auf halber Strecke zwischen Hasselbach und Werkhausen, sieht man nahe der Straße in den zum Bach hin abfallenden Wiesen sieben Säuleneichen. Sie markieren von weitem schon einen ausgezeichneten Ort. Kommt man über die Mähwege von unten, vom Bach her, so steigt man ihnen entgegen. In Kopfhöhe zeigt sich eine dunkle Bronze, die in den Wiesen unweit der Eichen liegt. Je näher man kommt, desto mehr schaut man auf die Bronze herab. Die Proportionen können einen monumentalen Kopf erinnern. Dieser ist auf einer Betonfläche positioniert, die in der Form eines Kreissegments zugeschnitten ist. Man betritt dieses Segment an seiner abgestumpften Spitze. Obwohl die betonierte Fläche beinahe 60 qm groß ist, steht einem der Bronzeklotz jetzt unmittelbar entgegen, verengt den Zugang. Man muß vorbei oder bleibt davor. Der Platz verkürzt sich und man hat das Gefühl, als wäre hier kein Raum mehr.

An Maserung und Struktur erkennt man die Bronze sofort als einen Guß nach einer Holzarbeit.[1] Die Bronze schreibt dabei dem plastischen Gebilde eine Dauer ein wie sie das Holz als Material so nicht besitzt. Holz trägt

das Lebensprinzip von Werden und Vergehen immer in sich, während dieses Prozessuale in den Bronzen zugunsten einer nachhaltigen Konzentration aufgehoben scheint. Einerseits zeitlich gesehen, insoweit die Bronze – abgenommen von einer Holzskulptur – einen Augenblick fixiert; andererseits aber auch räumlich, insofern sich ihre Oberfläche in aller Härte gegen das Außen verschließt. Das, verbunden mit der kompakten Geschlossenheit der Form, konfrontiert den Ankommenden mit einem Höchstmaß an plastischer Konzentration. Das Bronzestück zieht sich ganz in sich zurück und macht es schwer, sich ihm gegenüber zu positionieren.

Die sieben Säuleneichen und die Betonfläche schneiden aus dem unbestimmten Kontinuum der Wiesen einen Platz aus, der nicht nur ein Platz für eine Plastik ist, sondern zugleich Plattform für einen Blick zurück. Die Rundung der Betonfläche bestimmt die Pflanzanordnung der Eichen, die den Platz Richtung Norden abschliessen und wie eine Wand zusammenwachsen werden, während die abgestumpfte Spitze in die Richtung zurückweist, aus der man kam: zurück zum Schulhaus, zum Arbeitsplatz mit seinen Säulenbuchen und zurück auch auf die Höhe mit Wortelkamps von hier aus ebenfalls sichtbarer Arbeit „Vielleicht ein Baum". Der Blick geht zurück auf Ludger Gerdes' „Stück im Tal", Kazuo Katases „Bildstock (dem namenlosen Gott)" oder Ansgar Nierhoffs „Durchkreuzung" – letztlich zu all den Arbeiten, die sich frei einem Fernblick präsentieren und Ferne in unterschiedlicher Form zum Thema haben.

Der Platz kann von weitem Zypressen umstandene Gehöfte im Süden Europas, z.B. in Italien erinnern.[2] Hier im ›Tal‹ aber umstehen die Bäume kein Haus, evozieren keine Geborgenheit, vielmehr eröffnen sie einen symbolischen Ort: Während die Eiche als Sinnbild der Kraft und der Unsterblichkeit in früheren Zeiten Kultstätten und Grabanlagen bezeichnete, verweist die Sieben als kosmisch, astronomische Ordnungszahl auf die Genesis wie auf ein vollkommenes Ganzes. Für ein Ganzes stünde auch der Kreis. Die Betonfläche als Kreissegment aber ist nur noch Teil aus diesem Ganzen.

Den in die Ferne schweifenden Assoziationen antwortet immer wieder die rauhe Unmittelbarkeit dieser nackten Betonfläche. Sie entfremdet in ihrer Leblosigkeit den Platz von der umgebenden Natur, grenzt aus und versiegelt. Es bleibt ein Riß, etwas Fremdes, das sich zwischen das hier und das dort schiebt, so wie die Betonfläche zwischen Füße und Erdreich gelegt wurde. Derjenige, der auf der Betonscheibe steht, fühlt sich gleichermaßen herausgehoben wie ausgesetzt.

Der fast ein Meter hohe Bronze-Rundling füllt den gegebenen Raum nicht aus. Zur Fremdheit und Ungeschütztheit tritt ein Empfinden von Leere. Immerhin ist es eine 60 qm große Betonfläche, auf der man steht. Bei einem Durchmesser der Plastik von ca. 75 cm ist klar, daß sich die Fläche dazu nicht wie ein gewöhnlicher Sockel verhält. Die Bronze liegt da wie ein vereinzelter Findling auf der ansonsten leeren Fläche. Wobei die Fläche ein Hier definiert, das sich Betrachter und Bronze teilen. Wortelkamp hat diese Situation als einen offenen Platz gestaltet, der durch die weithin sichtbaren Eichen seine Fassung bekommt. Der Platz gewinnt gerade als leerer Raum in einer ehemals entleerten Landschaft (der freie Blick über die Straße und ins ›Tal‹ hält diesbezüglich ein Vorher und Nachher präsent) seine besondere Qualität. Dieser Platz legt nicht fest, nicht die Bronze und nicht denjenigen, der zu ihr tritt. Er eröffnet Möglichkeiten unter Bedingungen: Derjenige, der sich in dieser Situation bewegt, muß sich seiner selbst und seines Verhältnisses zu dem bronzenen Teil neben sich bewußt werden.

Der erste Schritt einer solchen Selbstvergewisserung kann ein bewußtes Stehen sein. Denn so mühsam – je nach Jahreszeit und Feuchtigkeit – das Gehen durch die Wiesen war, so hart ist das Stehen auf dem Beton. Steht man aber, so steht man in einem diesbezüglich merkwürdigen Verhältnis zur Plastik. Die nämlich steht nicht und liegt auch nicht – sie ist da. Und in ihrem So-Sein – vor allem auch durch ihr Eben-da-Sein – eröffnet die Bronze die ganze Bandbreite unterschiedlicher Modi von Begegnung. Unmittelbare Nähe, die einen bedrängte ebenso wie große Distanz, in der sich die Begegnung mit der Bronze in der Weite der Landschaft zu verlieren droht.

Die symbolische Aufladung des Ortes und die Klassizität der Bronze lassen durchaus an Orte der Erinnerung, an Monumente denken. Doch wird hier nicht einer Person oder eines Ereignisses gedacht; und auch steht der Betrachter hier nicht davor. Er selbst wird Teil einer Situation, wird Akteur. Er teilt mit der Bronze deren

Isolation. Das Betonieren einer Wiese wird als ein Akt gewaltsamer Entgrenzung erfahren und zugleich wird die Entgrenzung zur ortsstiftenden Kraft. In dem Maße wie man sich der Entfremdung aus der umliegenden Natur bewußt wird, in dem Maße wird man sich auch der Unzugänglichkeit und Härte des bronzenen Gegenübers bewußt. Gerade hierin erweist sich der Platz als ein Platz eingeforderter Begegnung. Der Platz gibt aber auch Raum zum Innehalten, zum Besinnen und Erinnern. Dies umso mehr als das Verhältnis zwischen dem Körper der Bronze und dem Körper des Betrachters permanent fragwürdig bleibt. Ihre Hermetik will dabei ebenso anerkannt wie überwunden sein.

Darüber hinaus ermöglicht die offene Gestalt des Platzes einen Rundblick, der zwar keinen Überblick bietet, der aber eine Vielzahl möglicher Beziehungen stiftet. Sei es mit bereits gesehenen Skulpturen, sei es mit Formen der Landschaft. Zugleich schützt mich dieser Platz nicht, denn in dem Maße wie ich die Freiheit erhalte, zu sehen, stehe ich frei, um gesehen zu werden. Als ein in dieser Hinsicht öffentlicher Raum konstituiert dieser Platz eine der vielschichtigsten Situationen im ›Tal‹ und bringt ein Grundprinzip der Anlage paradigmatisch zur Erfahrung: den offenen Dialog. Er folgt darin dem Titel der Bronze, er wird „Teil aus einem Ganzen – zu einem Ganzen". Bronze- und Platzgestalt lassen mich erfahren, daß ich verbindlicher Teil dieses Ganzen bin.

Jörg van den Berg

1 Die Holzarbeit, die dem Guß zugrunde lag, stammt aus der zweiteiligen Arbeit „Teil aus einem Ganzen". Die Arbeit war u.a. ausgestellt in der Universität Witten/Herdecke. Vgl. dazu „querab", Ausst.Kat. Universität Witten/Herdecke 1995. Bis ins Jahr 1998 lag auf dem Platz eine 4,5 m lange „Liegende". Eine Skulptur aus Holz und Eisen aus dem Jahr 1981. Aufgrund von Verwitterung wurde diese Arbeit entfernt und durch die jetzt zu sehende Bronze ersetzt. Vgl. zur ehemaligen Situation vom Verf. „nicht bei den Lebenden, nicht bei Gestorbenen", in: Skulptur im Tal, a.a.O., S. 48f.

2 Vgl. hierzu den Text von Erwin Wortelkamp „wie unterwegs – das Ganze zu schauen" – dabei zunächst kein Wort über Schönheit, in: Skulptur im Tal, S. 9. Dort läßt Wortelkamp bei einem fiktiven Spaziergang mit Adolf von Hildebrand diesen schon im Anblick der Säulenbuchen am Arbeitsplatz „Italien" sagen.

Der **Feldgarten**

Ackerfläche 3200 qm
Feldgarten 2000 / 4000 cm

Flächen aus Eisenplatten
433 / 439 / 1–3 cm
15 Löcher: 14–15 / 30–35 cm
418 / 482 / 1–3 cm
16 Löcher: 20–22 / 56–74 cm

Gitterbox aus Eisen 100 / 60 / 80 cm

Malerei (Öl auf Bütten)
in Isolierglas verschweißt je 30 / 40 cm
auf Eisen-Staffeleien 200 / 60 / 60 cm

Zäune 2000 / 4000 cm

wechselnde Pflanzungen,
vorwiegend Nutzpflanzen

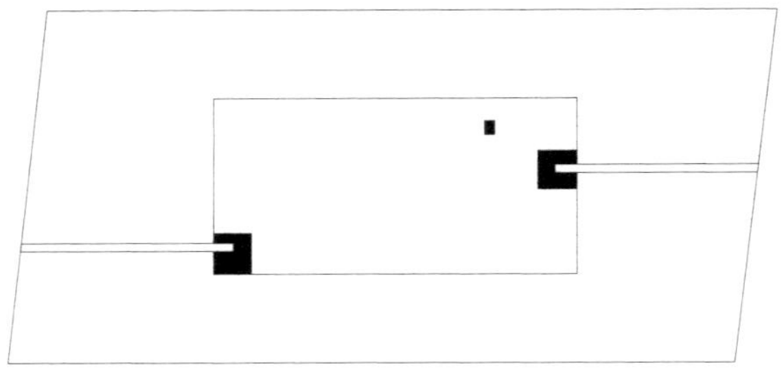

Das Konzept „Feldgarten" basiert auf einer Zusammenarbeit von Landbesitzer, Landwirt, Landschaftsarchitekt, Zimmermann, Maler, Malerin und Bildhauerin. Es ist hierin sichtbarster Ausdruck einer grundsätzlichen Gestaltungsidee, die letztlich der Gesamtanlage ›im Tal‹ zugrunde lag. Die Realisation des „Feldgarten" eröffnet daher für die Gesamtkonzeption der Anlage ›im Tal‹ neue Gestaltungsmöglichkeiten. Zusammen mit den beiden in den letzten Jahren integrierten „offenen Anlagen" werden Aspekte der Veränderungen eines Kommen und Gehen, eines Werden und Vergehen verstärkt.

Der „Feldgarten", der in früheren Generationen den Hausgarten des Bauerns ergänzte, soll im wesentlichen durch Nutzpflanzen, im Wechsel der Jahreszeiten, gestaltet werden. Um dies über die Gestaltungsfragen hinaus zu gewährleisten, ist die Gesamtkonzeption einschließlich der Pflanzpläne des Landschaftsarchitekten Kim Wortelkamp mit dem Landwirt Otmar Orfgen abgestimmt. In die teils großflächigen Farb- und Formfelder fügen sich kleinere Vegetationsflächen ein. Um diese vor Wild zu schützen hat der Zimmermann Uli Hüsch eigens veränderbare Zäune gefertigt, die grafisch und raumbildend wirken.

Ulrike **Hullmann** / Thomas **Kocheisen**

*1956/*1954; leben in Seelbach/Westerwald

Madeleine **Dietz**

*1953 in Mannheim; lebt in Godramstein/Pfalz

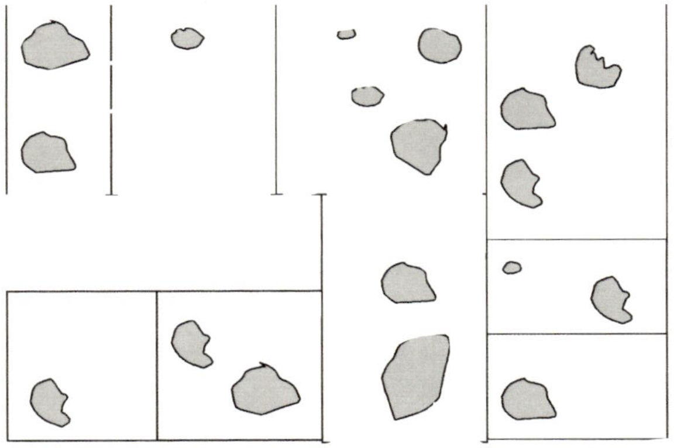

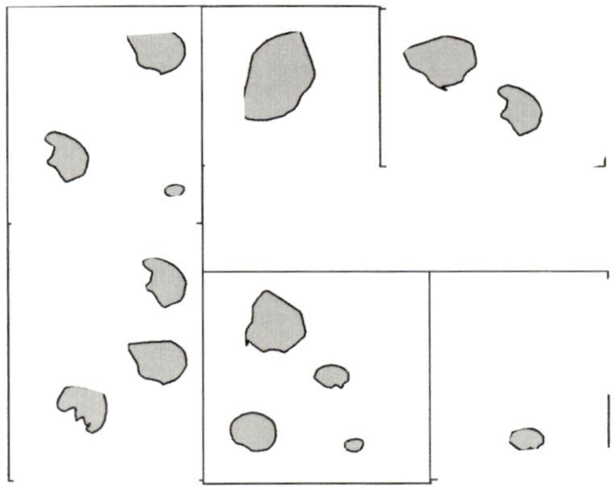

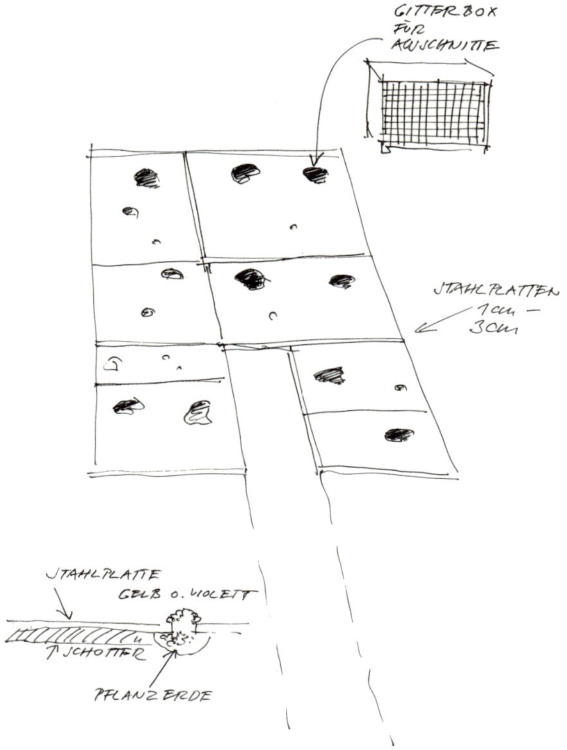

Das Künstlerpaar Kocheisen/Hullmann verweist mit zwei aufgeständerten Malereien zunächst auf sich; ihre ortsgebundenen Sujets aber verleiten zum reizvollen Vergleich der Wirklichkeiten – vielleicht wie eine frische, vollmundige und lichtdurchflutete ‚plein-air Malerei', befreit aus einem Atelier, in das die Außenwelt primär medial vermittelt eintritt.

Die Bildhauerin Madeleine Dietz hat im Einklang mit Kim Wortelkamp großflächige und schwergewichtige Eisenplatten in den Feldgarten hinein komponiert. Sie ordnen sich einzeln und zusammengefügt wie Felder oder ein eisernes Bauerwartungsland. Die Erde hat schwer zu tragen, doch geben Löcher, mit dem Schneidbrenner aus den Eisenplatten herausgebrannt, Pflanzen und Blumen Licht, als wollten sie sich als Teppich auf den Weg machen. In einer Drahtgitter-Box lagern die Brennreste kompostiert, als reservierten sie sich selbst, um irgendwann in die Löcher zurück zu wollen, um jedem Wachsen wieder ein Ende zu bereiten.

Wenn Lothar Heimann – seit langem tätiger Liebhaber ›im Tal‹ – uns allen seinen Acker zur Nutzung überläßt, erinnert es auch ans Nutzungsrecht der Friedhöfe, die sich so, befreit vom Besitzrecht, jeglicher Spekulation entziehen – zum Nutzen aller.

Erwin Wortelkamp

Werner **Fritsch**

*1960 in Waldsassen; lebt in Berlin und in der Oberpfalz

Labyrinth

ein Film von Werner Fritsch
12 Minuten, Farbe und Schwarzweiß

Darsteller: Johanna Fritsch, Uta Ackermann, Werner Fritsch
Zweite Kamera: Mathias Bumiller
Licht: Franz Wechsler
Ton: Andreas Koll
Montage: Edith Eisenstecken
Kamera, Buch, Text, Regie: Werner Fritsch

Eine Werner Fritsch Filmproduktion
mit Unterstützung des Kunstverein Hasselbach e.V.

Der Film „LABYRINTH" gehört zum Genre des sogenannten I-MOVIES. Nachdem ich als Dramatiker hinter sovielen Masken gesprochen hatte, wollte ich mir – vor dem Vierziger – ins Gesicht sehen: also einen Film ins Auge fassen, der einem Selbstporträt gleichkommt.
Das in der derzeitigen Filmlandschaft Unmögliche kam zustande durch den Bildhauer Erwin Wortelkamp, der im Westerwald ein Flußtal mit eigenen Skulpturen und Skulpturen anderer angelegt hat.

Die Absprache war: Er gibt mir eine großzügige Summe für den Film: Bedingung – ein Drittel des Films soll im ›Tal‹ gedreht sein. Sonst war ich frei. Da andererseits die Summe für Filmverhältnisse wiederum nicht ausreichte, mußte ich auch zurückgreifen auf Aufnahmen, die es schon gab. Und plötzlich hatte ich die Möglichkeit – und dies in der Freiheit, mit der ich schreibe –, einen Traum von Film zu realisieren, der ein Traumfilm ist: mein Leben.

Dank an Ulla und Erwin Wortelkamp.

Werner Fritsch

LABYRINTH – die ersten 10 Einstellungen

1. Einstellung
Nacht. Nackte Füße gehen auf Eisenstreifen in Gestalt eines Labyrinths. Darunter Dorngesträuch und brennende Fackeln.

2. Bildebene: Wasser züngelt in Sepia, Silber und Gold. Musik setzt ein. Das Klacken einer Schreibmaschine.

2. Einstellung
Tag. Eine Kreuzigungsgruppe aus Granit von unten und in Bewegung gefilmt.

2. Bildebene: Wassergezüngel wie vorher.

3. Einstellung
Nacht. Ein von Feuer umloderter Eisenkopf.

4. Einstellung
Der von Feuer umloderte Eisenkopf geht über in einen in einer körpergroßen Vase gefangenen Vogel, dessen Kopf und Schnabel aus der Öffnung ragen.

5. Einstellung
Rauch raubt dem Vogelkopf von Zeit zu Zeit den Schnabel. Im Hintergrund fällt Licht durch Gehölz.

OFF-STIMME
Nicht der Fall oder doch der Fall …

6. Einstellung
Tag. Der Träumende sieht sich durch ein Steintor gehen in Schwarzweiß.

7. Einstellung
Schwarz.

LABYRINTH

Ein Film von Werner Fritsch

OFF-STIMME

Oder nicht der Fall und doch der Fall …

8. Einstellung

Tag. Engelsturz: Heftig bewegter Vertikalschwenk über Kirchenfenster hinweg.

9. Einstellung

Tag. Schwenk mit verzerrter Optik über eine mit Motorsäge bearbeitete Eiche.

Ein schwarzer Käfer kommt ins Bild.

OFF-STIMME

Das kann man nicht sagen, nur sägen.

10. Einstellung

Nacht. Die nackten Füße auf dem Labyrinth aus Eisen.

OFF-STIMME

Das kann man nicht sagen, nur sägen.

In diesem Traum bin ich in einem Labyrinth.

Oder auch nur in Cheops Pyramide unterwegs …

Die Kamera dreht sich um ihre eigene Achse.

2. Bildebene: Ein mit Muscheln und Hirschgeweihtrümmern geschmücktes Skelett. Der Totenkopf.

OFF-STIMME

Dem Skarabäus auf der Spur …

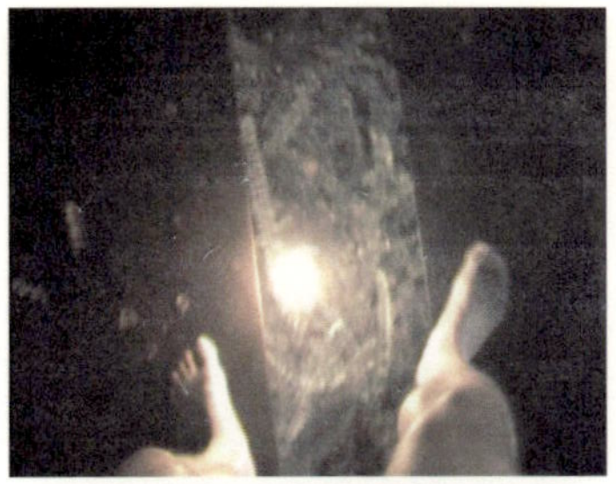

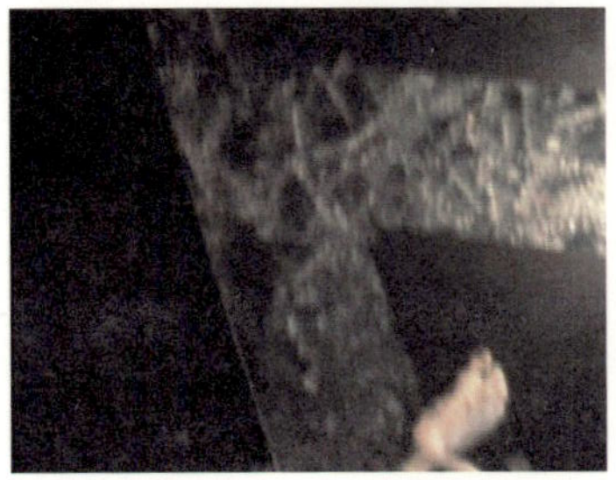

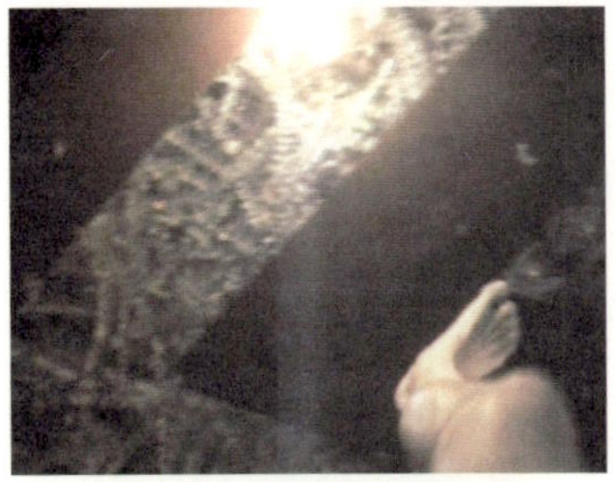

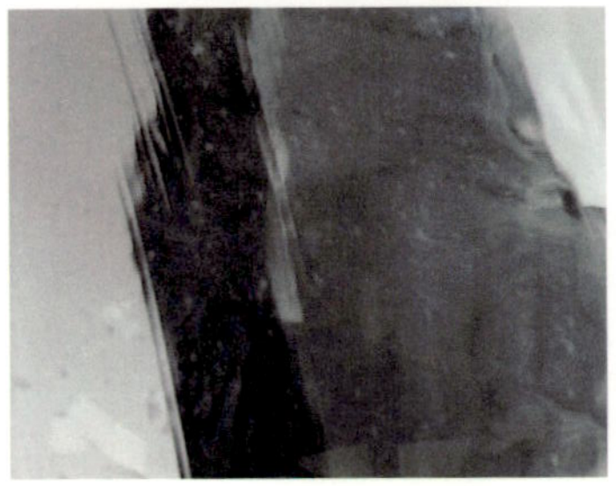

1986

1. Treffen
Erwin Wortelkamp mit Claus Bury, Lutz Fritsch, Nikolaus Gerhart, Kazuo Katase, Ansgar Nierhoff und Heinrich Brummack; sowie Christoph Brockhaus und Carola Schnug-Börgerding
Arbeitstitel: »Skulptur im TAL«

Lutz Fritsch: Einstieg
Carola Schnug-Börgerding: Für Ulla

1. Broschüre: Skulptur im TAL
mit Beiträgen von Christoph Brockhaus, Erwin Wortelkamp, Gundolf Winter und Christoph Schreier
1. Fest ›im Tal‹

1987

2. Treffen
Teilnehmer, s.o. 1986

Kazuo Katase: Bildstock (dem namenlosen Gott)
Ansgar Nierhoff: Beziehungen gegen Bedingungen

1988

Gründung des Kunstverein Hasselbach e.V.
als Träger der Anlage

Claus Bury: Haus des Hasselbacher Reiters
Hannes Forster: Überbrückung
Thomas Lehnerer: Armer Mensch

1989

3. Treffen in Hasselbach und 1. Hammer Gespräche (Hotel »Alte Vogtei«, Hamm/Sieg)
Theorie und Praxis ›im Tal‹;
Gäste: Ludger Gerdes und Michael Croissant;
Leitung: Professor Dr. Gundolf Winter (Universität/Gesamthochschule Siegen)

Heinrich Brummack: Ort der Harmonie
Michael Deiml: Sonne – Licht – Mensch
Hanspeter Demetz: Haus für August Sander
Nikolaus Gerhart: Kern und Hülle
Ulf Hegewald: Teatro
James Reineking: TAL-Tilt

1990

Karl Bobek: Dreibeiner
Heinz Breloh: Der Bildhauer im Fluß
Fritz Schwegler: Einige späte Bilder blieben in der Luft hängen und wurden nachgebaut (EN 6114)

1991

Heinz Breloh: Der Bildhauer in der Mittagsonne
Ludger Gerdes: Stück im Tal
Wolfgang Luy: Ohne Titel

1992

Bogomir Ecker: Schrei

2. Broschüre ›im Tal‹ mit Beiträgen von Christoph Brockhaus, Erwin Wortelkamp und 23 Texten von verschiedenen Autoren zu den bisher realisierten Arbeiten
2. Fest ›im Tal‹

Götz Stöckmann: Labyrinth

1993

Gloria Friedmann: Eremitage
Marin Kasimir: ohne Titel (Deux Endroits avec Sculptures)

Magister-Arbeiten: Markus Knappe: Das Skulpturenprojekt ›im Tal‹ Hasselbach/Werkhausen, Philosophische Fakultät der Universität Bonn 1993; Kerstin Walter: Das Projekt ortsbezogener Skulptur ›im Tal‹ Hasselbach/Werkhausen. Fakultät für Geschichtswissenschaften der Ruhr-Universität Bochum

1994

Paul Isenrath: Wasser
Jo Schöpfer: Ohne Titel

1995

Norbert Radermacher: Der Ring

1997

Joachim Bandau: Ohne Titel
Johannes Brus: Ohne Titel / Kim Wortelkamp
Haus für die Kunst (Architekt: Georg A. Schütz)
Barbara Köhler: Ein öffentlicher Raum für Hasselbach
Claudia Terstappen: Lehrpfad

Offene Anlage: Betonfläche (3x3m)
Offene Anlage: Raum mit Säulen (40x5m)

1998

1. »jour fixe« am 21. Juni, u.a.: Nikolaus Nessler »Platz für einen stillen Samba« und »green, slow, grow«, 2 temporäre skulpturale Interventionen in der Mihr und im Haus für die Kunst

1999

Feldgarten:
Madeleine Dietz, Ulrike Hullmann/Thomas Kocheisen, Kim Wortelkamp, Lothar Heimann, Uli Hüsch, Otmar Orfgen

Erwin Wortelkamp: Teil aus einem Ganzen – zu einem Ganzen
Werner Fritsch: Labyrinth (Film)

2. »jour fixe« am 21. Juni,
u.a.: Klasse Norbert Radermacher: skulpturale Interventionen;
Werner Fritsch: Labyrinth (Film-Uraufführung);
Elmar Lampson: Transfiguration für gemischten Chor a capella (Uraufführung)
Buchvorstellung: ›im Tal – Kunst im Dialog mit Kunst und Natur‹

Inhalt Verzeichnis

Dank

Wir möchten uns bedanken bei Gottfried Boehm für eine erste Zusammenarbeit und für das gezeigte Vertrauen; bei Michael Bockemühl – ohne den eine Realisierung des Vorhabens in der nun vorliegenden Form nicht möglich gewesen wäre – für eine weitere unter mittlerweile zahlreichen Kooperationen, für die Freiheit in der Arbeit und die nachhaltige Unterstützung des gesamten Vorhabens; bei Werner Hannappel und Hans-Dirk Hotzel für eine gewohnt hohe Qualität, die trotz der freundschaftlichen Verbundenheit für uns nie zur Gewohnheit wird; bei allen Künstlern – namentlich bei Ludger Gerdes – und Autoren, die ausnahmslos mittaten, wo es nötig wurde; bei Frauke Eigen für die jahrelange fotografische Arbeit ›im Tal‹.

Wir bedanken uns darüber hinaus bei allen Förderern, bei denen, die nicht genannt werden wollen ebenso wie bei **Wolf-Garten** in Betzdorf, der **Werner Richard – Dr. Carl Dörken-Stiftung** und der **Stiftung Rheinland-Pfalz für Kultur**.

Ulla, Isa, Kim und Erwin Wortelkamp danken wir für unermüdliches Engagement in der Sache, hitzige Diskussionen, forcierte und konstruktive Kritiken, aufbauende Mitarbeit, ausgelassenes Beisammensein, Imbisse und Festmale, und vieles mehr; doch bleibt dieser Dank hinter dem zurück, was wir eigentlich alles sagen wollten. Nur soviel: das Familienunternehmen läuft – und es macht Spaß, dabei zu sein!

Karen & Jörg van den Berg

Impressum

Die Deutsche Bibliothek – CIP-Einheitsaufnahme
Im Tal : *Kunst im Dialog mit Kunst und Natur* / hrsg. von Jörg und Karen van den Berg für den Lehrstuhl für Kunstwissenschaft, Ästhetik und Kunstvermittlung der Universität Witten/Herdecke und für den Kunstverein Hasselbach. – Duisburg ; Berlin : pict.im, 1999
ISBN 3-932256-04-2

Gestaltung & Typographie Hans-Dirk Hotzel, Essen
Druck & Lithographie salto n.v., Rekem-Lanaken (B)
Verlag pict·im· Duisburg/Berlin

Gesetzt in Cleargothic und Weiss-Antiqua
Umschlagleinen Duo/Herbstlaub der Bamberger Kaliko
Gedruckt auf Job Parilux matt weiß 200 g/qm
und Geese Papier Alster Werkdruck 120 g/qm 1,5faches Volumen

ISBN 3-932256-04-2

Die Abbildung auf Seite 3 zeigt das „Haus für die Kunst" (Architekt Georg A. Schütz) mit der Textarbeit „Ein öffentlicher Raum für Hasselbach" von Barbara Köhler.

Fotonachweis Frauke Eigen: 125li+mi; 126mi; 130li; 131; 132re; 133re +li; 134re+li; 135li; 136li; 140; 141re+mi; 142li; 144li; 146re; 150li; 152re; 153; 156re; 157; 158mi+re; 159; 160; 162re; 164; 169 – Claus Bury: 105; 117; 137; 143mi; 147; 150mi; 154re; 156li; 166mi; 172re+mi; 173li – Michael Deiml: 135re; 136re – Bogomir Ecker: 138 – Jörg van den Berg: 139; 142re; 143re; 144re; 173; 174 – Erwin Wortelkamp: 99; 100; 102; 103; 104; 105; 106; 107; 109; 113; 116; 123; 124; 125re; 126re+li; 127; 128li; 129; 130re; 132li; 133mi; 134mi; 142mi; 145re+li; 148; 149; 151; 152li; 154li; 158li; 165; 166li; 172 – Ulla Wortelkamp: 99u; 100; 103; 104; 111; 114; 116u; 143li; 168.